ANN KILLION
Campeones del fútbol mundial

Ann Killion ha sido corresponsal de deportes por más de veinticinco años. Como columnista galardonada del *San Francisco Chronicle*, ha cubierto varias copas mundiales, así como otros momentos cruciales en el ascenso de los equipos de fútbol nacional —tanto femenino como masculino— de Estados Unidos. En 2014, Killion fue nombrada Periodista Deportiva del Año en California. También ha co-escrito los libros *Solo: A Memoir of Hope,* con la estrella americana de fútbol femenino Hope Solo, y *Throw Like a Girl,* con Jennie Finch, jugadora de softbol. Killion es también la autora de *Campeonas del fútbol mundial.* Tiene dos hijos y vive en Mill Valley, California.

TAMBIÉN DE ANN KILLION

Campeonas del fútbol mundial

CAMPEONES DEL FÚTBOL MUNDIAL

CAMPEONES DEL FÚTBOL MUNDIAL

ANN KILLION

Traducción de Wendolín Perla

VINTAGE ESPAÑOL
Una división de Penguin Random House LLC
Nueva York

PRIMERA EDICIÓN VINTAGE ESPAÑOL, NOVIEMBRE 2020

Vintage Español ISBN en tapa blanda: 978-0-593-08238-6
eBook ISBN: 978-0-593-08239-3

Para venta exclusiva en EE.UU., Canadá, Puerto Rico y Filipinas.

www.vintageespanol.com

33614082140426

Impreso en los Estados Unidos de América
10 9 8 7 6 5 4 3 2 1

Para Connor, mi campeón

ÍNDICE DE CONTENIDO

▶ ▶ ▶

PRECALENTAMIENTO

INTRODUCCIÓN

A la gente le encanta debatir sobre todo tipo de cosas relacionadas con los deportes: ¿Quién es el mejor jugador? ¿Cuál es el juego más difícil de practicar? Sin embargo, hay un hecho que no está sujeto a discusión:

El deporte más popular del mundo es el soccer.

O, como lo llama todo el mundo: fútbol.

Es posible que no me creas si vives en Estados Unidos. Si ves la televisión o escuchas a los aficionados hablar de sus deportes favoritos, creerías que el fútbol americano y el básquetbol son los deportes más populares de todo el universo.

No obstante, cada cuatro años, cuando se juega la Copa del Mundo, los estadounidenses se enfrentan a la realidad. Y se dan cuenta de que están equivocados: el fútbol es, por mucho, el deporte más querido del mundo. Desafortunadamente para Estados Unidos, en 2018 ni siquiera recibió una invitación a la fiesta del Mundial.

Para poner en perspectiva la cantidad de fans del fútbol, se calcula que en 2018 mil millones de personas vieron la final de la Copa del Mundo de ese año entre Francia y Croacia. Eso es una séptima parte de toda la población mundial. En contraste, en 2019 la audiencia del Super Bowl LIII, entre Nueva Inglaterra y Los Ángeles, fue de cien millones.

Nada que ver.

Según la FIFA, la organización internacional que regula el fútbol, cerca de 265 millones de personas a nivel mundial juegan alguna forma de fútbol organizado. Eso es alrededor de un 4 por ciento de la población del planeta.

El fútbol se juega hasta en el último rincón del mundo, en todos los continentes (¡incluso en Antártica!) y en todos los grupos sociales y étnicos.

La razón principal por la que este deporte es tan inmensamente popular es su simplicidad. Se puede jugar donde sea: en un campo, en la calle, en la playa. En cuanto a equipamiento, no se necesita casi nada más que una pelota. Y, si no hay pelota, se puede hacer una con trapos amarrados —como hacía el famoso Pelé cuando era niño— o algún otro material. Dos piedras, zapatos o mochilas pueden marcar la portería. Los niños juegan descalzos o con zapatillas si no tienen tacos. De hecho, lo único que se necesita para jugar es pasión, determinación y un par de cosas más.

Algunas personas se quejan de los marcadores tan bajos en el fútbol. Pero el que sea posible ganar un partido con solo un gol es muestra de la tensión competitiva del juego, y permite que haya muchas sorpresas, que es una de las cosas más atractivas de cualquier deporte.

Otra razón que explica la popularidad del fútbol es que existe desde hace no cientos, sino miles de años. Hay pruebas de que una forma ancestral del deporte se practicaba hace casi tres mil años. En China, en el siglo III a.C., se popularizó una versión antigua del juego llamada *cuju*. En la Antigua Grecia y la Antigua Roma también se jugaba un precursor del fútbol. Mucha gente cree que los romanos, junto con la expansión de su Imperio, esparcieron una variante de este juego por toda Europa, incluida Inglaterra.

Además, existen relatos sobre versiones antiguas del deporte que practicaban multitudes enteras, y que no tardaban en transformarse en caos, lo que causó que el juego fuera declarado ilegal.

Hagamos un salto en el tiempo: Inglaterra, siglo

XIX. El deporte se practicaba en las escuelas, incluidas la Rugby School y el Eton College, donde se jugaban dos versiones distintas: una en la que se podía tomar el balón con las manos (en Rugby) y otra donde solo se podía jugar con los pies (en Eton). Una de esas versiones se convirtió en el rugby y la otra se convirtió en el fútbol.

Conforme pasaban los años y la popularidad del juego crecía, las reglas del deporte se volvieron más oficiales. En 1848, algunos jugadores en Cambridge crearon un conjunto de reglas formales para el fútbol. El primer partido internacional se disputó en 1872, entre Inglaterra y Escocia. Inglaterra después exportó el juego a las colonias del inmenso Imperio Británico.

La primera organización de fútbol oficial, la FA (Football Association), se fundó en 1863 en la taberna Freemason's Tavern, en Londres, con doce clubes. Luego, en 1904 se fundó la Fédération Internationale de Football Association, la FIFA. Sus miembros originales eran Bélgica, Dinamarca, Francia, Holanda, España, Suecia y Suiza. Inglaterra se unió un año después. En el transcurso de tres décadas, el número de países miembros aumentó a cuarenta y cinco.

El fútbol organizado se extendió por el mundo,

cruzó los océanos con ayuda de los europeos y llegó a países en los que estos tenían presencia, ya fuera mediante viajes de colonización o de negocios.

La excepción más notable fue América del Norte. Estados Unidos y Canadá parecieron resistirse a los encantos del fútbol organizado durante un siglo. A pesar de las raíces inglesas de Estados Unidos, y aunque es una nación construida por inmigrantes, el fútbol tardó un buen rato en popularizarse allí.

Pero ¿por qué?

Es difícil saberlo con exactitud, pero se pueden realizar algunas conjeturas. En primer lugar, cuando el fútbol comenzaba a extenderse por el mundo, ya había dos deportes muy populares en Estados Unidos: el béisbol y el fútbol americano. El béisbol fue el primer deporte profesional en el país, y el fútbol americano, que era una modalidad del rugby, se consolidó con ayuda del creciente sistema universitario. Algunos historiadores opinan que no había espacio suficiente para otro deporte principal en el país, sobre todo hace cien años, cuando la gente tenía menos tiempo libre para jugar o mirar deportes.

Además, Estados Unidos siempre ha valorado ser único y diferente con respecto a los países europeos. A pesar de sus raíces inglesas, la historia nos muestra que Estados Unidos derrotó a los ingleses en la Guerra de Independencia, así que no debería sorprendernos que este país rechace un deporte que en el fondo es muy inglés, cuando tiene sus propios deportes únicos.

Estados Unidos incluso tiene su propia forma de llamar al juego. Aunque el término "soccer" se originó en Inglaterra —como una forma abreviada de *association football* (fútbol asociación) que servía para distinguirlo del *rugby football* (fútbol rugby) —, este sólo se popularizó en Estados Unidos. El nombre "soccer" diferenciaba al deporte del fútbol americano, que terminó llamándose simplemente "fútbol". El término "soccer" se usa también en países que tienen otras formas de fútbol más populares, como Australia.

A pesar de no ser el deporte más importante, como sí lo era en otros países, el fútbol (soccer) logró abrirse espacio en Estados Unidos. Las diversas oleadas de inmigrantes que llegaron al país durante el siglo XX trajeron consigo el juego que tanto amaban, y luego se lo enseñaron a sus hijos. El fútbol (soccer) infantil —tanto entre niños como entre niñas— se extendió de prisa en la segunda mitad del siglo XX.

Y cuando Estados Unidos fue anfitrión de la Copa

del Mundo de 1994 —una jugada estratégica de la FIFA para hacer crecer el juego en un país tan grande y rico— el fútbol comenzó a despegar. Estados Unidos tenía casi un siglo de retraso con respecto al resto del mundo, pero para finales del siglo XX ya había espacio en el país para una gran variedad de deportes.

Hoy, tras décadas de esfuerzo, el deporte más popular del mundo es también uno de los deportes más populares en Estados Unidos. Las selecciones nacionales son muy queridas, la Copa del Mundo tiene muy buenos ratings en la televisión, la Major League Soccer es una liga profesional bien establecida y, gracias a la televisión por cable y el *live streaming*, los aficionados ahora tienen acceso a partidos de las mejores ligas de todo el mundo. Aunque exista el temor de que perderse la Copa del Mundo en 2018 haya sido un gran contratiempo para la rama masculina de este deporte, el fútbol llegó a Estados Unidos para quedarse.

En este libro descubriremos qué hace que el fútbol masculino sea el deporte más popular y emocionante del mundo. (También está disponible *Campeonas de fútbol mundial*, un libro dedicado solo al fútbol femenino).

Les echaremos un vistazo a las superestrellas más importantes del mundo —desde los jugadores cuasimíticos del pasado a los grandes de hoy—, así como a varios jugadores estadounidenses. No se tratará necesariamente de los mejores jugadores, pero sí de aquellos que han tenido un impacto vital en el deporte.

Viajaremos al pasado, a los momentos más importantes en la historia del fútbol, y exploraremos también algunas de las mejores ligas del mundo. Por último, miraremos hacia el futuro para conocer a algunos de los jóvenes jugadores que podrían convertirse en la próxima generación de estrellas.

Tal vez no estés de acuerdo con mis selecciones y tengas tus propias listas. Pero esa es una de las cosas más divertidas de los deportes: discutir acerca de quién es el mejor. Como dijimos al principio, cada quien tiene su opinión y podríamos debatir sobre deportes hasta que se acabe el mundo.

No obstante, lo que sí es un hecho es que el deporte más popular del mundo llegó para quedarse.

► ► ► **PRIMER TIEMPO**

EL ONCE INICIAL INTERNACIONAL

PELÉ

¿Cuál ha sido el mejor gol? ¿El mejor partido? ¿La mejor Copa del Mundo?

Estas preguntas están sujetas a discusión. Pero hay una que no deja lugar a dudas:

¿Quién es el mejor jugador de todos tiempos?

La respuesta es Pelé.

Casi medio siglo después de que jugara su última Copa del Mundo, y aun cuando en la actualidad hay incontables talentos en el planeta, Pelé sigue siendo reconocido como el mejor del mundo.

"A veces siento que el fútbol se inventó para este mágico jugador", declaró una vez Sir Bobby Charlton, un mediocampista inglés que compitió contra Pelé durante su carrera.

La de Pelé es una de esas historias de ascenso de la pobreza a la riqueza que hacen que el fútbol sea tan fascinante. Edson Arantes do Nascimento nació en

Brasil en 1940. Lo nombraron Edson en honor a Thomas Edison, el inventor de la primera bombilla eléctrica con éxito comercial, y el nombre resultó ser muy apto: aunque Pelé no se dedicó a la ciencia, sin duda fue un innovador y terminó por producir electricidad alrededor del mundo entero.

El mejor jugador de la historia creció en la pobreza en Bauru, en el estado brasileño de Sao Paulo, jugando fútbol en las calles con un calcetín relleno con trapos, y hasta con una toronja, pues no podía comprar un balón de verdad. Pelé no jugó con un verdadero balón de cuero hasta que fue adolescente. Aunque su familia lo llamaba "Dico" —un apodo acuñado por su tío— en algún momento recibió el sobrenombre "Pelé", que detestó al principio.

Lo descubrió Waldemar de Brito, un exjugador de la selección brasileña que en ese entonces era su entrenador juvenil. De Brito convenció a la familia de Pelé de que lo dejaran hacer una prueba para el club Santos a los quince años. El joven Pelé no tardó en convertirse en jugador habitual del equipo, quedándose lejos de casa y durmiendo en literas en el estadio con otros jugadores jóvenes. De hecho, en su primera temporada completa, fue el líder de goleo del equipo.

A los diecisiete años, Pelé ya formaba parte de la selección nacional de Brasil. Participó en su primera Copa del Mundo en Suecia, en 1954, antes de cumplir los dieciocho. No jugó en los dos primeros partidos del torneo, en parte por una lesión en la rodilla, pero sus compañeros convencieron al entrenador de que lo colocara en el tercero.

En ese Mundial en Suecia, el resto del mundo vio las primeras pinceladas del hombre que se convertiría en el futbolista —y tal vez, durante un tiempo, el atleta— más famoso del planeta. Pelé causó sensación. Su velocidad y visión de campo eran asombrosas. Podía anotar goles con ambos pies. Era escurridizo, inteligente y jugaba con una alegría incontenible.

"La cabeza le habla al corazón", dijo Pelé alguna vez al describir su propio juego, "y el corazón les habla a los pies".

Los brasileños llaman *jogo bonito* al fútbol, el juego hermoso. Pelé ayudó a popularizar el término, no solo porque él lo usaba para describir su juego, sino también porque este término caracterizaba la forma de jugar de Pelé a la perfección. Tenía un estilo de lo más brasileño, lleno de alegría y del ritmo de la samba, un estilo de música y baile tradicional de su país.

En la semifinal de la Copa del Mundo de 1958, Pelé anotó tres goles —un triplete— en la victoria 5 a 2 de su equipo sobre Francia, un suceso que lo convirtió en el jugador más joven en hacer algo así en un Mundial. Pero su racha goleadora no terminó ahí: en la final, anotó dos veces más contra el local, Suecia, lo que ayudó a su equipo a llevarse el trofeo a casa.

Pelé había querido ganar una Copa del Mundo desde que tenía nueve años y Brasil perdió la final en Río de Janeiro contra Uruguay. Ese día le prometió a su padre que ganaría una Copa del Mundo. Cuando ganó su primer Mundial en Suecia, lloró de felicidad. Fue el primer título mundial de Brasil, que terminaría por ser el país con más triunfos: cinco en total.

Brasil ganó su primera Copa del Mundo justo cuando la televisión comenzaba a hacerse popular. Eso ayudó a que la fama de Pelé se difundiera muy de prisa por el mundo entero. El equipo brasileño también era racialmente mixto, algo que lo distinguía del resto de las selecciones de las grandes potencias mundiales, y Pelé se convirtió en una inspiración para la gente de color en todo el mundo.

Tras la Copa del Mundo de 1958, varios de los principales clubes europeos buscaron a Pelé. Pero el gobierno de Brasil lo declaró un "tesoro nacional" para evitar que lo contrataran en algún otro lugar, y su club, Santos, se aferró a él. El club se convirtió en el primer equipo trotamundos de fútbol y jugó partidos por todo el planeta para que los aficionados de otros lugares pudieran ver al gran Pelé. Una vez, para una exhibición en Nigeria, se pactó un cese de fuego en la guerra civil para permitir que los dos bandos pudieran ver a Pelé jugar fútbol.

¿Puedes creerlo? Ver a Pelé era tan emocionante que logró que un país pusiera en pausa una guerra.

Pelé llevó al Santos al éxito. El club ganó ocho títulos locales y seis campeonatos nacionales, incluidos cinco consecutivos entre 1961 y 1965. Ganó también la Copa Libertadores en 1962 y 1963, así como la Copa Intercontinental. Se lo considera uno de los mejores clubes del mundo.

Después del triunfo de su primera campaña internacional, Brasil volvió a la Copa del Mundo en Chile, 1962, de la mano de Pelé. Aunque este sufrió una lesión de ingle que le impidió jugar más de dos partidos, Brasil ganó su segundo título consecutivo. Cuatro años después, en Inglaterra en 1966, Pelé se volvió a lesionar —por culpa de las bruscas tácticas de los defensores—, y Brasil perdió ante Portugal. Pelé se sintió tan frustrado que afirmó que no volvería a jugar un Mundial.

Por fortuna cambió de opinión, y esa decisión ayudó a solidificar su leyenda. En 1970, Brasil volvió con furia a la competencia mundial en la Copa del Mundo que se disputó en México. Considerado uno de los mejores equipos de la historia, Brasil venció a Uruguay en las semifinales y apaleó 4-1 a Italia en la final. Pelé anotó cuatro goles en su última Copa del Mundo y recibió el título de mejor jugador del torneo. Es el único jugador de la historia que ha sido campeón de tres mundiales.

Pelé se retiró de Santos en 1974, pero un año después sacudió al mundo del fútbol al salir de su retiro para jugar con el Cosmos de Nueva York, un equipo de la North American Soccer League (NASL), liga que había tenido muy poco impacto y que estaba a punto de morir antes de la llegada del jugador brasileño.

Su presencia ayudó a convertir a la liga en una gran atracción. Para muchos estadounidenses, ese fue su primer contacto con el fútbol. El contrato de tres años y $2.8 millones de dólares hizo que Pelé fuera el atleta mejor pago del mundo. Diez millones de espectadores sintonizaron sus televisores para ver su debut con el

Cosmos. Pelé atraía enormes multitudes a dondequiera que fuera. A pesar de que tenía 34 años cuando fichó con el club y había dejado atrás su mejor época, Pelé seguía siendo el atractivo principal de la liga y un goleador impresionante. Su presencia atrajo a otros jugadores a la NASL; de hecho, el gran futbolista alemán Franz Beckenbauer fue compañero de equipo de Pelé. Otros jugadores profesionales, como Johan Cruyff y George Best, se unieron a otros equipos de la liga.

Pelé jugó su último partido en octubre de 1977, una exhibición entre el Cosmos y su antiguo club, el Santos. Jugó un tiempo para cada equipo. La NASL quebró siete años después, y pasó más de una década antes de que se fundara una liga de fútbol realmente exitosa en Estados Unidos.

Pelé ganó varios premios como el mejor atleta del siglo XX. Se lo nombró caballero honorario del Imperio Británico y fungió como embajador ante las Naciones Unidas.

Aunque los fans de Diego Armando Maradona digan que su jugador favorito es el mejor de todos, y el debate alrededor de Lionel Messi y Cristiano Ronaldo suele ponerse muy caliente, la leyenda de Pelé es intocable.

Será muy difícil que otro jugador gane dos copas del mundo en los extremos de su carrera. Pelé ganó una en 1958, cuando tenía diecisiete años; la otra en 1970, cuando ya era una superestrella global. Sus contrincantes siempre han reconocido que fue el mejor jugador contra el cual tuvieron que competir.

Ha habido muchos grandes jugadores en la historia del fútbol, pero no hay lugar a dudas sobre quién ha sido el mejor de todos.

El Rey Pelé.

ESTADÍSTICAS:

Posición: delantero

Partidos con la selección nacional de Brasil: 92

Goles para Brasil: 77

Partidos con clubes profesionales (dos equipos): 694

Goles para clubes profesionales: 650

LIONEL MESSI

Demasiado pequeño, decían los escépticos. Claro que es demasiado pequeño.

¿Cómo podría un niño tan diminuto jugar fútbol con la gente de su edad? Ni hablar de ser profesional. Ni hablar de representar a su país. Ni hablar de convertirse en uno de los mejores jugadores que ha pateado un balón jamás.

Sin embargo, resultó que Lionel Messi no era demasiado pequeño. Silenció todas las dudas al convertirse en, posiblemente, el más grande futbolista de la época moderna, un goleador asombroso que ha cautivado a aficionados de todo el mundo.

"Está por encima de cualquier cosa que yo haya visto", declaró Carles Puyol, su excompañero del Barça. "Es de otro planeta".

En realidad, Messi nació en la Tierra: en Rosario, Argentina, en 1987, un año después de que otro hombre no muy alto, Diego Armando Maradona, ganara una Copa del Mundo con Argentina. En aquel entonces, los argentinos creían que no volverían a tener un jugador local tan grande. Pero se equivocaban.

Messi creció en una familia enloquecida por el fútbol. Jugaba con su padre, sus hermanos mayores, y dos primos que también emprendieron carreras en el fútbol profesional. Era veloz, habilidoso, tenía un gran equilibrio y un control del balón asombroso, además de ser una increíble máquina de hacer goles. Entre los seis y los doce años, Messi anotó 500 goles para las divisiones inferiores de Newell's Old Boys.

Por desgracia, mientras sus compañeros crecían, Messi no lo hacía. Cuando tenía 11 años medía apenas 4 pies y 2 pulgadas (1.27 m). Fue entonces que los doctores descubrieron que tenía una deficiencia de hormonas de crecimiento y que necesitaba tratamiento. Todos los días, durante tres años, recibió una inyección.

"Siempre fui el más pequeño de todos. Así fue hasta que terminé el tratamiento y empecé a crecer más normalmente", cuenta Messi.

Aunque la hormona del crecimiento humano es controversial, pues algunos atletas la han usado para sacar una ventaja injusta, se usa desde hace mucho para el tratamiento de niños con deficiencias de crecimiento.

El tratamiento le funcionó a Messi, pero fue muy costoso, casi 1,500 dólares al mes. Su madre y su padre trabajaban en fábricas y tenían problemas para pagar los gastos médicos. Su padre, Jorge, le pidió al equipo juvenil de Lio, el Newell's Old Boys, que lo ayudara a pagar el tratamiento. En un principio, el club aseguró que solventaría todos los gastos, pero Jorge dice que, después de recibir una pequeña cantidad, no vio un centavo más.

Messi estaba dispuesto a ponerse las inyecciones en las piernas, sus padres estaban dispuestos a pagarlas, y su club estaba dispuesto a cubrir los gastos por lo talentoso que era en el campo de juego. Incluso antes de empezar a crecer, Messi encontró la forma de usar su estatura a su favor.

"Creo que ser más pequeño que los demás me ayudó a ser un poco más rápido y ágil", asegura.

La familia Messi tenía lazos con Cataluña, España, y esos lazos ayudaron a que el renombrado club FC Barcelona ofreciera pagar el tratamiento de Lionel. A los 13 años, se probó con el afamado equipo. Lo contrataron de inmediato y, junto a toda su familia, se mudó a España, a un apartamento cerca del Camp Nou.

Pero la familia era infeliz, sobre todo su hermana menor. Después de una estadía de seis meses, la madre de Messi volvió a Argentina a vivir con sus tres hermanos. Jorge se quedó en Barcelona con su hijo. La separación fue muy difícil para la familia, y el pequeño Messi extrañaba su hogar.

Sin embargo, decidió quedarse. Fue un riesgo para la familia entera. ¿Cuántos niños de trece años que sueñan con ser futbolistas profesionales al más alto nivel alcanzan su final de cuento de hadas?

Messi lo hizo.

Después de jugar en la academia juvenil del FC Barcelona, se afilió a la Real Federación Española de Fútbol y comenzó a jugar con frecuencia. Se volvió gran amigo de futuros grandes jugadores, como Cesc Fàbregas y Gerard Piqué, con quienes formó un "Baby Dream Team". Recibió una oferta para ir al talentosísimo club inglés Arsenal. Mientras sus amigos partían hacia Inglaterra, Messi siguió comprometido con el Barcelona.

Debutó con el primer equipo de ese club en 2004, a

los 16 años, en un amistoso contra un club portugués. La superestrella brasileña Ronaldinho, quien se acababa de sumar al Barcelona, se hizo amigo de Messi, lo llamaba "hermanito" y le decía a la gente que el joven jugador lo superaría pronto.

Messi jugó tiempo limitado esa temporada y anotó su primer gol en mayo, tras una asistencia de Ronaldinho. Su principal meta era hacer más musculoso su pequeño cuerpo y convertirse en un jugador más fuerte.

El día de su cumpleaños número 18, Messi firmó su primer contrato con el primer equipo. Se convirtió en titular la siguiente temporada y también recibió la ciudadanía española. Ese fue el inicio de una narrativa que lo ha acompañado toda su carrera: mientras los españoles lo consideran argentino, sus compatriotas siempre lo han creído demasiado español. Sin embargo, a pesar de que Messi jugaba para un club español, siempre estuvo comprometido con Argentina y su selección nacional. Aunque lo invitaron de manera informal unas cuantas veces a jugar para España, él siempre quiso representar a su país, y comenzó a jugar con las selecciones menores de Argentina en 2004.

Debutó con la selección mayor de Argentina en un

amistoso en 2005, pero lo expulsaron casi de inmediato por darle un codazo a un rival. Un mes después jugó un partido eliminatorio para la Copa del Mundo. En el Mundial de 2006 en Alemania fue suplente casi todo el torneo. Sin embargo, no jugó en los cuartos de final cuando su equipo fue derrotado por Alemania, decisión por la cual muchos criticaron a su entrenador.

Messi siguió jugando para Argentina, a veces a pesar de las objeciones del Barcelona. En 2008 quiso jugar para la selección Sub-23 de Argentina en los Juegos Olímpicos de Beijing, pero las fechas coincidían con los juegos clasificatorios de la Champions League del Barça. Al final le permitieron ir, y su equipo ganó la medalla de oro tras vencer a Nigeria en la final. Messi dio la asistencia para el único gol del encuentro y atormentó a la defensa nigeriana durante los 90 minutos.

El genio de Messi comenzó a revelarse por completo a sus veinte años. Dada su pequeña estatura, tenía la capacidad de escurrirse entre los defensores, evitar entradas y cambiar de dirección. Su pierna dominante es la izquierda, y se le considera el mejor regateador (o dribleador) del mundo. Su exentrenador, Pep Guardiola, dijo alguna vez que antes de Messi nunca había visto un jugador que fuera más rápido con el balón en los pies que sin él. Siempre parece ir hacia la portería con un equilibrio perfecto y quitándose defensores de encima. Un gol típico de Messi viene después de que "La Pulga" supere a un defensor con su velocidad y bata al arquero, colocando un tiro poderoso y perfecto.

Mientras Messi se convertía posiblemente en el mejor jugador del mundo con el Barcelona, llevó a su club a varios títulos de La Liga y tres campeonatos de la Champions League, y ganó el Balón de Oro cinco veces entre 2010 y 2016, un récord. Se le suele comparar con Cristiano Ronaldo, pues los dos pasaron una década turnándose el Balón de Oro, y cuando uno lo ganaba el otro solía obtener el segundo lugar. Con frecuencia, estas estrellas competían frente a frente en la Liga, y también se les comparaba con frecuencia con respecto a sus salarios, popularidad y patrocinios.

Si les preguntas a diez personas quién es el mejor jugador del mundo en la actualidad, Messi recibiría cinco votos y Cristiano los otros cinco.

A pesar de que Messi ha tenido un éxito incomparable con su club, no ha sido capaz de alcanzar los mismos logros con la selección argentina. En las eliminatorias para la Copa del Mundo de 2010 en Sudáfrica, bajo la dirección técnica de Diego Armando Maradona,

Argentina tuvo problemas para clasificarse para el Mundial. Aunque el equipo llegó a Sudáfrica, su desastrosa defensa fue un problema. Alemania destruyó a Argentina 4-0 en los cuartos de final.

Para 2011, Messi se había convertido en el capitán de su selección nacional. Argentina tuvo un mejor torneo en la Copa Mundial del 2014, y llegó hasta la final antes de caer 1-0 ante Alemania en tiempo extra. A pesar de que Messi obtuvo el Balón de Oro como mejor jugador del torneo, tanto él como la decisión de premiarlo recibieron críticas, pues Messi fue incapaz de anotar en las rondas de eliminación directa.

Argentina nunca ha podido armar un equipo completo en torno a su brillante goleador. Las frustraciones de Messi continuaron después de la Copa del Mundo. En 2015, Argentina alcanzó la final de la Copa América, pero la perdió en la tanda de penales ante el anfitrión, Chile. Al año siguiente, la edición del centenario de la Copa América se jugó en Estados Unidos, y Messi, a pesar de que arrastraba una lesión en la espalda, fue electrizante: anotó cinco goles, sumó cuatro asistencias y llevó a Argentina a la final.

Sin embargo, su equipo volvió a perder en penales frente a Chile y, tras el partido, en el que falló el penal que pateó, Messi anunció su retiro de la selección nacional. Pero unas semanas después salió del retiro, lo que fue una gran noticia para Argentina. El equipo corría el riesgo de no asistir al Mundial de 2018, pero logró clasificarse en el último partido gracias a un triplete de Messi.

Sin embargo, la historia se repitió en Rusia 2018. Tras caer por sorteo en un difícil grupo, Argentina quedó en segundo lugar de su sector y cayó eliminada en los octavos de final frente al futuro campeón, Francia.

En 2017, Messi firmó un nuevo contrato con el Barcelona. Siempre ha habido rumores de que algún día firmaría un contrato "vitalicio". Aún en la etapa final de su carrera no ha dejado de ser uno de los grandes referentes para cualquier futbolista.

"Es posible que sea el mejor que haya visto", dijo una vez Roy Keane, leyenda del Manchester United. "No hago cumplidos así a la ligera, pero Messi se lo merece. Busco debilidades en su juego y no logro encontrarlas".

¿El mejor de todos? Messi lleva años dándonos evidencias de que sí podría serlo, y demostrando que nunca fue demasiado pequeño para sus enormes sueños.

ESTADÍSTICAS*:

Posición: delantero

Partidos con la selección nacional de
   Argentina: 136

Goles para Argentina: 68

Partidos con el Barcelona: 455

Goles para el Barcelona: 420

*Jugador en activo

DIEGO ARMANDO MARADONA

Uno de los jugadores más talentosos del mundo venía en un empaque de 5 pies y 5 pulgadas (1.65 m) de energía ciclónica, una mecha cortísima, controversias constantes y habilidades sobrenaturales.

Diego Armando Maradona es el jugador más grande que ha dado Argentina. Aunque Lionel Messi se ha acercado bastante, hasta que no lleve a su selección a un título de la Copa del Mundo no podrá desbancar a Maradona como la máxima leyenda del fútbol argentino.

A Maradona también se lo consideró el mejor jugador de la década de los ochenta, un periodo en el que —gracias a los enormes avances en las coberturas televisivas— muchas más personas alrededor del mundo tuvieron la oportunidad de verlo jugar. No pasó mucho tiempo antes de que legiones de fanáticos en todo el planeta vistieran la reconocible camiseta albiceleste de Argentina, con el icónico "10" de Maradona.

Maradona nació en Buenos Aires en 1960, y creció en la pobreza. Pero no tuvo que esperar mucho para que alguien reconociera su talento. Tenía apenas ocho años cuando el entrenador de un equipo juvenil llamado Cebollitas lo descubrió y lo reclutó. Ganaron 136 partidos consecutivos y un campeonato nacional.

Maradona hizo su debut en primera división unos días antes de su cumpleaños número dieciséis; cuatro meses después jugó su primer partido con la selección nacional, tras lo cual se convirtió en el jugador más joven en vestir la camiseta de Argentina.

Argentina fue el anfitrión de la Copa del Mundo de 1978, pero Maradona no pudo participar porque el entrenador nacional decidió que a sus diecisiete años era demasiado joven. Argentina ganó ese Mundial, el primero para ellos. Pero el mejor jugador del país seguía esperando su oportunidad: Maradona lideró a la selección Sub-20 al título del Mundial Juvenil y recibió el Balón de Oro por ser el mejor jugador del torneo. Las habilidades que demostró con ese cuerpo tan pequeño y una zurda deslumbrante fueron incomparables; bailaba alrededor de los defensores y jamás perdió la posesión de la pelota.

Mientras Maradona esperaba a jugar en una Copa del Mundo, su carrera profesional iba en ascenso a toda velocidad. Jugó con Argentinos Juniors cinco temporadas y anotó 115 goles en 167 partidos. Luego fichó con el equipo más famoso de Argentina, Boca Juniors, a los veinte años. En aquel equipo, Maradona discutía con frecuencia con su director técnico, Silvio Marzolini. De cualquier forma, Maradona y sus compañeros lograron ganar el título de liga ese año, pero la tirante relación con el entrenador fue uno de los incontables momentos controversiales en su vida.

Un año después, la Copa del Mundo se llevó a cabo en España, y corría el rumor de que Maradona planeaba mudarse a ese país de forma permanente. Por una cantidad sin precedentes de $7.6 millones de dólares, tras solo una temporada, se concretó el traspaso entre Boca Juniors y Barcelona.

Pero, antes de saltar al campo con el Barcelona, Maradona jugó su primera Copa del Mundo. En el partido inaugural para Argentina, que se jugó en el famoso Camp Nou de Barcelona, los aficionados locales recibieron a Maradona como a un mesías. Sin embargo, en su primer encuentro en el nuevo hogar de Maradona, Argentina perdió 1-0 contra Bélgica.

El equipo logró sortear la primera ronda, pero aquella fue una Copa del Mundo extraña, con un formato de doble eliminación directa. Argentina perdió los dos partidos de eliminación, primero con Brasil —en un juego en el que Maradona salió expulsado tras una patada peligrosa— y después con el equipo que terminaría por ser campeón, Italia.

Aquel difícil comienzo en la Copa del Mundo disputada en España fue un preludio para las complicaciones que enfrentaría Maradona en el FC Barcelona. A pesar de que anotó 45 goles en 73 partidos, su estadía en el Camp Nou es más bien recordada por sus lesiones, enfermedades, peleas y tensiones con la dirigencia. En un memorable encuentro con el gran rival del Barcelona, el Real Madrid, Maradona fue el principal protagonista de una trifulca en la cancha. En 1984 volvió a romper los récords del mercado de transferencia con su fichaje al Napoli de la Serie A italiana por $10.48 millones de dólares.

De nuevo, en el Napoli lo recibieron como un gran héroe, pues este equipo solía quedar opacado frente a los equipos del norte de Italia. Maradona era una máquina de hacer goles y terminó por llevar al equipo de Nápoles a dos títulos de la liga italiana, los primeros en la historia del club.

El momento cumbre de Maradona llegó en el Mundial de 1986, en México. Con la cinta de capitán en el brazo, "El Diego" anotó cinco goles, incluidos dos en los cuartos de final contra Inglaterra, que están entre los goles más famosos de la historia. Primero, Maradona condujo el balón por el centro del campo, le dio un pase al compañero que tenía a la derecha y picó hacia el frente mientras el portero inglés salía a achicar el ángulo. Maradona recibió el balón con la cabeza, con un brazo en alto, ¡y el esférico terminó en el fondo de la red! Los jugadores ingleses de inmediato exigieron que se penalizara por ser mano, pero el silbato no sonó. Las repeticiones mostraron con bastante claridad que la pelota sí había tocado la mano de Maradona, por lo que el gol se conoce desde entonces como "la mano de Dios".

Su segundo gol de ese partido tal vez no sea *tan* famoso, pero fue mucho más bello. Recibió el balón en el centro del campo y bailó entre los defensores como si la pelota estuviera conectada a sus pies con algún cable invisible, se quitó de encima al portero con un amague y empujó el balón a la red. El gol fue votado "Gol del Siglo" en una encuesta de FIFA.

"Cuando Diego nos anotó ese segundo gol, tuve ganas de aplaudir", dijo el delantero inglés Gary Lineker. "Anotar un gol tan hermoso es casi imposible".

Maradona anotó un par de goles más en la semifinal contra Bélgica, y Argentina derrotó a Alemania Occidental en la final para alcanzar su segundo título mundial. Maradona recibió el Balón de Oro por su increíble actuación en el torneo.

En el Mundial de 1990 en Italia, Maradona, con una lesión en el tobillo, no fue el fenómeno que había sido cuatro años antes. Con el capitán jugando a medio gas, Argentina no tuvo su habitual contundencia y estuvieron cerca de quedar eliminados en la primera ronda. Aun así, el equipo logró llegar hasta la final tras derrotar en tandas de penales a Yugoslavia en los cuartos de final, y al local, Italia, en las semifinales. Pero la selección argentina cayó 1-0 ante Alemania Occidental en el partido decisivo.

Maradona parecía atraer el éxito y el fracaso por igual. Después de los treinta, siguió siendo controversial. Su carrera en Nápoles terminó luego de que diera positivo en una prueba antidopaje y se dijera que era adicto a la cocaína. Su adicción provocó que su desempeño en el campo de juego también decayera. Se mudó a Sevilla por un año y luego volvió a Argentina, donde jugó tres temporadas más —dos de ellas con Boca Juniors— antes de retirarse.

Su aparición final en las copas del mundo también terminó en desgracia. En el Mundial de 1994 en Estados Unidos solo jugó dos partidos antes de que lo expulsaran de la competencia y lo enviaran a casa, tras dar positivo por sustancias prohibidas.

Cuando su carrera en el campo terminó, Maradona probó suerte como entrenador. Asumió el cargo de director técnico de la selección nacional de Argentina para la Copa del Mundo de 2010, pero el equipo tuvo dificultades para clasificarse a pesar del talento de su delantero estrella, Lionel Messi. En Sudáfrica, Argentina llegó a los cuartos de final, pero Alemania los aplastó 4-0, y la actuación de Messi se consideró un fracaso. Al igual que en el resto de su carrera, Maradona mostró su temperamento y entró en conflicto con la prensa. Después de eso, no le renovaron el contrato.

Con el ascenso de Messi al superestrellato mundial, es frecuente que se discuta quién de los dos es mejor jugador. Pero las legiones de hinchas argentinos que continúan entonando aquella canción que dice "Maradona es más grande que Pelé" —más de dos décadas después de que su héroe se haya retirado— aún creen que Maradona es el futbolista argentino más grande y uno de los mejores de todos los tiempos.

ESTADÍSTICAS:

Posición: mediocampista ofensivo/delantero

Partidos con la selección nacional de
Argentina: 91

Goles para Argentina: 35

Partidos con clubes profesionales (siete
equipos): 491

Goles para clubes profesionales: 259

CRISTIANO RONALDO

D urante años, los aficionados al fútbol estuvieron obsesionados con el debate sobre quién era el mejor de todos: ¿Pelé o Maradona?

En años recientes la discusión ha cambiado: ¿quién es mejor, Cristiano Ronaldo o Lionel Messi?

Contrario al debate Pelé vs. Maradona, quienes jugaron en ligas y épocas distintas, al caso de Cristiano vs. Messi se añade la intensa rivalidad entre sus equipos. Ronaldo y Messi son dos de los más grandes de la historia, y durante la mayor parte de sus carreras se enfrentaron en la cancha como parte de los rivales más grandes del mundo del fútbol: Real Madrid y Barcelona. Los enfrentamientos terminaron cuando Ronaldo dejó el Madrid para sumarse a la Juventus.

Durante los primeros años de su carrera, a Cristiano Ronaldo se lo consideraba apenas el segundo mejor "Ronaldo" del fútbol, dado que comparte el nombre con el famoso delantero brasileño a quien se consideró el mejor jugador del mundo en algún momento. Sin embargo, Cristiano no solo superó al otro Ronaldo, sino también a casi todos los demás jugadores del planeta.

"Tiene magia en los pies", afirmó alguna vez la leyenda del fútbol portugués Eusebio. "Se cree capaz de hacer cualquier cosa con la pelota, y esa confianza lo hace muy especial".

Cristiano Ronaldo dos Santos Aveiro nació en 1985, en la isla portuguesa de Madeira, y era el menor de cuatro hermanos. Su segundo nombre es en honor a Ronald Reagan, quien era presidente de Estados Unidos en aquel momento. Creció cerca del campo de fútbol, pues su padre era utilero del club local, el Andorinha. Ronaldo jugó en las divisiones inferiores de ese club y luego en las de otro equipo, el Nacional. Cuando tenía doce años, se probó con el Sporting CP, de la capital portuguesa, Lisboa, y el equipo lo fichó.

Sin embargo, en cuanto emprendió el camino hacia su sueño, siendo apenas un adolescente, una arritmia cardiaca amenazó su carrera en el fútbol profesional. Cuando jugaba, el corazón se le aceleraba. Lo operaron; con un láser cauterizaron la fuente del problema, y Ronaldo volvió a los entrenamientos apenas días después. Al chico no le preocupaba mucho su problema de salud, pero su madre estaba aterrorizada y temía que no pudiera volver a jugar.

En realidad, no tenía motivos para preocuparse. Ronaldo se destacó en las categorías juveniles del Sporting de inmediato y debutó con el primer equipo a los dieciséis años. Creció hasta convertirse en un veloz y elegante jugador de 1.85 m, con un control del balón capaz de hipnotizar a cualquiera.

Su talento floreció tanto en la temporada 2002-2003 que no tardó en llamar la atención de algunos de los clubes más importantes de Europa. Le llenó el ojo a Sir Alex Ferguson, el mítico entrenador del Manchester United, cuando el Sporting derrotó al Manchester United en un partido de exhibición. Los jugadores del club inglés instaron a su entrenador a fichar al joven prodigio. A los dieciocho años, Ronaldo firmó con el Manchester United, y el precio de su carta —cerca de $15 millones de dólares— fue en ese momento lo máximo que se había pagado por un jugador menor de veinte años en la historia del fútbol inglés.

Jugar en la delantera de uno de los equipos de más alto perfil en el mundo catapultó a Ronaldo al estrellato. Estuvo seis temporadas en Manchester, en las que jugó 196 partidos y anotó 84 goles. En su paso por Old Trafford ayudó al club a ganar dos títulos de la Liga Premier y el título de la Champions League. En 2008 Ronaldo fue nombrado Jugador del Año por la FIFA.

En 2009, Ronaldo se unió al Real Madrid por un monto de transferencia que marcó un récord mundial: más de $131 millones de dólares. La transferencia cautivó al mundo del fútbol, con ánimos caldeados de ambos lados; en un momento, el United presentó una querella por sabotaje, pero fue desechada.

La llegada de Ronaldo a España creó un dinámico antagonismo con Messi. De pronto, las dos superestrellas eran jugadores rivales dentro de dos equipos históricamente rivales de La Liga —Ronaldo con el Real Madrid y Messi en el Barcelona—, y ambos parecían decididos a superarse el uno al otro en el campo, en sus equipos y en todas las estadísticas. En la temporada 2010-2011 Ronaldo anotó la mayor cantidad de goles en la historia de La Liga; al año siguiente, Messi rompió el récord. Entre 2008 y 2017, Messi y Ronaldo ganaron el premio individual más importante del deporte, el premio al Jugador del Año de la FIFA, cinco veces cada uno.

"Creo que nos motivamos el uno al otro", dijo Ronaldo sobre Messi. "Por eso el nivel de la competencia es tan alto".

Ronaldo llevó al Real Madrid a obtener dos títulos de La Liga y tres títulos de la Champions League. En 2016 se convirtió en el líder anotador histórico del club. Para el final de la temporada 2017, cuando el Real Madrid volvió a ganar La Liga y se convirtió en el primer equipo en ganar la Champions League en ediciones consecutivas, había anotado la inimaginable cantidad de 285 goles en 265 partidos.

En la cumbre de su popularidad, en la que niños de todo el mundo usaban su camiseta con el número 7 y millones de personas lo seguían en las redes sociales, Ronaldo dejó el Real Madrid por la Juventus, y de inmediato propulsó la popularidad mundial del equipo italiano.

Mientras se convertía en el futbolista profesional más famoso del mundo, Ronaldo también jugó para su selección nacional. Escaló todas las categorías juveniles de la selección de Portugal, y en 2004 jugó en el equipo olímpico Sub-23 en Atenas, que terminó en último lugar de su grupo. No obstante, sus resultados con la selección mayor fueron mejores. Ronaldo jugó su primer partido con la selección absoluta de Portugal a los dieciocho años y, al año siguiente, jugó en la Eurocopa que se celebró en su país. Portugal llegó a la final, pero perdió 1-0 ante el sorprendente equipo griego. Sin embargo, el adolescente Ronaldo había dejado su marca en un escenario internacional al llevar a su equipo a la final. Era claro que sería una superestrella en el futuro.

En 2006, el equipo de Ronaldo terminó en cuarto lugar en la Copa del Mundo, que es el mejor resultado que ha tenido la selección de Portugal desde que quedó en tercer lugar en 1966. En los cuartos de final del torneo, Ronaldo incitó la controversia al reclamar de forma agresiva una falta de Wayne Rooney, su compañero del Manchester United. Compañeros en Inglaterra o no, en el marco del torneo internacional eran rivales. Rooney recibió la tarjeta roja y fue expulsado, lo que despertó cierta ira hacia Ronaldo por parte de sus fans ingleses. Portugal cayó en las semifinales de ese torneo ante Francia.

En los octavos de final de la Copa del Mundo de 2010, Portugal perdió contra España, quien a la larga sería el campeón. A pesar de que la temprana eliminación de su país fue decepcionante, este torneo marcó una nueva etapa en la carrera internacional de Ronaldo, pues fue capitán del equipo y se lo nombró Jugador del Partido en los tres primeros encuentros del certamen.

En 2014, el sorteo puso a Portugal en un complicado grupo con Alemania, Ghana y Estados Unidos, y no logró avanzar a la segunda ronda, en parte por una goleada de 0-4 frente a los alemanes y un empate 2-2 con los estadounidenses. Portugal era un equipo de un solo hombre: Ronaldo era la única estrella del equipo y sus rivales sabían que, si lograban controlarlo, la Seleção —como llaman al equipo en portugués— no sería una gran amenaza.

En la Eurocopa de 2016, Portugal al fin dio el salto y ganó su primer gran torneo. Ronaldo fue el jugador clave a lo largo de toda la competencia, ya que anotó tres goles que lo convirtieron en el máximo goleador histórico del campeonato europeo. Sin embargo, en el partido final frente a Francia quedó lesionado tras una dura entrada y no pudo seguir jugando. Salió del campo entre lágrimas y sobre una camilla. Pero su equipo ganó en tiempo extra: Ronaldo al fin había llevado a Portugal a obtener un título.

"Estoy muy feliz", declaró después. "Este trofeo es para todos los portugueses".

Portugal no pudo extender su éxito a la Copa del Mundo de 2018 en Rusia. A pesar de un deslumbrante inicio en el que Ronaldo anotó un triplete frente a España, la selección portuguesa quedó eliminada en octavos de final.

Más allá de sus éxitos, a Ronaldo a veces se lo considera un jugador controversial. Hay quienes lo han llamado arrogante y han acusado al capitán portugués de fingir faltas en el campo. Al respecto, alguna vez declaró: "La gente me tiene envidia porque soy rico, guapo y buen jugador". Quizá fuera cierto, pero decir eso no lo hacía más simpático.

"No me molesta que la gente me odie porque eso me motiva", ha dicho también.

En realidad, Ronaldo es muy popular en todo el mundo y tiene una inmensa cantidad de seguidores en las redes sociales, así como entusiastas de su marca CR7. A veces, su peinado perfecto, su sentido de la moda y sus anuncios de ropa interior han opacado el esfuerzo y el perfeccionismo que Ronaldo lleva siempre al campo de juego. Tras erigirse como un fenómeno en sus primeros años en la escena del fútbol internacional, Cristiano se ha transformado en un jugador dominante y con un físico imponente.

Al jugar abierto por los extremos, siempre fue una pesadilla para los defensores, pero conforme se hizo mayor comenzó a jugar más con la cabeza y a convertirse en un mejor pasador. Supera a sus oponentes en el mano a mano y, aún en la última etapa de su carrera, sigue siendo uno de los futbolistas más rápidos que existen, con o sin la pelota.

Ronaldo es uno de los jugadores más grandes del mundo, y formó parte de una de las rivalidades más increíbles en la historia del deporte mundial, durante la cual rompió varios récords. La pregunta sobre quién es mejor, Messi o Ronaldo, no tiene una respuesta definitiva. Pero, entre su carisma natural y su impresionante desempeño en la cancha, no queda duda de que Ronaldo se ha consolidado como uno de los atletas más *populares* del mundo.

ESTADÍSTICAS*:

Posición: delantero

Partidos con la selección nacional de
    Portugal: 162

Goles para Portugal: 95

Partidos con clubes profesionales: 523 *(Sporting CP 25, Manchester United 196, Real Madrid 256, Juventus 37)*

Goles para clubes profesionales: 396 *(Sporting CP 3, Manchester United 84, Real Madrid 285, Juventus 24).*

*Jugador en activo

FRANZ BECKENBAUER

Franz Beckenbauer fue una inspiración para todos los defensores, pues demostró que jugar en la zaga no es impedimento para alcanzar el super-restrellato.

A Beckenbauer le apodaban "Der Kaiser" —"El Emperador" en alemán— por su liderazgo y su dominante estilo de juego. Es considerado el mejor jugador de la historia del fútbol alemán, aunque algunos futbolistas modernos se le han comenzado a acercar. Es uno de los héroes atléticos más grandes que Alemania ha visto.

Comenzó su carrera como mediocampista, pero luego pasó a la defensa central, donde innovó la posición del tercer central o *líbero*. Beckenbauer tenía la libertad de moverse por toda la zona baja del campo y pasar a la ofensiva, conectando la línea de fondo con el mediocampo y usando su visión, ritmo y calma para controlar el juego.

"Franz era un maravilloso repartidor de balones, un gran recuperador; siempre tenía la situación bajo control y nunca entraba en pánico", afirmó Sir Bobby Charlton, cuya selección inglesa batalló contra Beckenbauer. "Lo más impresionante de todo era su gran visión... era uno de los jugadores más difíciles de enfrentar".

Beckenbauer nació en Múnich en 1945 y creció entre las ruinas de la Alemania de la postguerra. Comenzó a jugar fútbol en ligas juveniles y, durante su adolescencia, se unió al Bayern de Múnich.

Cuando Beckenbauer era niño y Alemania aún estaba dividida en Alemania Occidental y Oriental, la victoria de Alemania Occidental en la Copa del Mundo de 1954 —conocida como el "milagro de Berna"— dejó una marca profunda en él. Mientras que Alemania Occidental seguía intentando recuperarse de los estragos de la guerra y de la vergüenza por las acciones recientes de la nación, las celebraciones le dieron un gran empujón psicológico. Los alemanes empezaron a usar la frase *"Wind Sin Wieder Wer"* ("Somos alguien otra vez"). A los nueve años, Franz, inspirado, les dijo a sus padres que algún día ganaría una Copa del Mundo.

Cuatro años más tarde, se sumó a las filas del Bayern Munich y comenzó así una relación que definiría gran parte de su vida. Debutó con el primer equipo en 1964, a los diecinueve años. En aquel entonces, el equipo jugaba solo a nivel regional. En su primera temporada, Beckenbauer ayudó al Bayern a ascender a la recién conformada Bundesliga. Pasó los siguientes doce años de su carrera profesional con el Bayern de Múnich. Con Beckenbauer al frente del equipo, se convirtieron en una potencia y ganaron cuatro títulos de liga y tres Copas Europeas.

En 1965, a los veinte años, Beckenbauer debutó con la selección de Alemania Occidental. Menos de un año después, jugó su primer Mundial, en Inglaterra. Aunque su legado sería el de un defensor, tenía olfato goleador, como demostró en 1966. Anotó dos goles en el debut contra Suiza y cuatro goles en todo el torneo, en el que Alemania llegaría a la final para caer frente al anfitrión, Inglaterra. Fue una valiosa experiencia que ayudaría a esculpir la carrera internacional de Beckenbauer.

Cuatro años después, jugó su segunda Copa del Mundo en México. En la semifinal frente a Italia, Beckenbauer se dislocó el hombro, pero siguió jugando con el brazo en un cabestrillo. *Eso* sí que es dedicación.

Sin embargo, Italia venció a Alemania, quien terminó la competencia en tercer lugar.

Ya había experimentado con la posición de líbero en el Bayern de Múnich, misma posición que utilizó con gran eficacia en el Mundial de 1974. Mantuvo a la línea de fondo en orden, dictó la posesión del balón y mantuvo a su equipo organizado y eficiente. Su estilo de juego y de liderazgo encajaba con los estereotipos sobre la personalidad alemana: un gran sentido de la disciplina y la estructura, y efectividad pura.

Sin embargo, más allá de los estereotipos, Beckenbauer era también un jugador creativo y elegante, que subía para atacar cada vez que tenía la oportunidad. Su conducción era suave e hipnótica. Solía disparar cañonazos desde el mediocampo cuando veía con claridad el arco rival.

La Copa del Mundo de 1974 se disputó en tierras alemanas, y el país tenía la presión de ganar. Beckenbauer era el capitán de un equipo lleno de talento que incluía a Ger Müeller, el máximo goleador histórico de la Bundesliga. Alemania jugó de forma sobresaliente a la defensiva; solo concedió cuatro goles en siete partidos, aunque uno de ellos llegó en la derrota 1-0 frente a Alemania Oriental, en un juego cargado de emociones. En la final, Alemania venció a Holanda y al deslumbrante Johan Cruyff, gracias a una pegajosa marca personal a Cruyff y a la eficaz interrupción del juego de pases rápidos de Holanda.

En 1977, aún en el mejor momento de su carrera, Beckenbauer firmó un contrato de $2 millones de dólares y cuatro años con el Cosmos de Nueva York, al lado de Pelé. Al mismo tiempo, se retiró del fútbol internacional.

"Lo tenía todo", dijo Beckenbauer sobre su decisión. "Era el capitán del Bayern de Múnich y de la selección alemana. Luego llegó la oferta del Cosmos y pensé: 'No lo sé, no lo sé...'. Pelé era mi ídolo desde el 58, cuando tenía trece años. Era una buena oportunidad para jugar con el más grande de todos".

Tras haber sido tan famoso y reconocible en Alemania, le encantó vivir en Nueva York, donde poca gente lo ubicaba. En cuatro temporadas, las estrellas del Cosmos obtuvieron tres campeonatos.

"Lo que lo distinguía como jugador era más su inteligencia que su fuerza", dijo Pelé.

En 1980, Beckenbauer volvió a Alemania, donde jugó dos temporadas con el Hamburgo y ayudó al equipo a conquistar la Bundesliga en 1982. Luego volvió a Nueva York para jugar una última temporada con el Cosmos antes de colgar los tacos para siempre.

Sin embargo, Beckenbauer aún tenía por delante toda una vida llena de fútbol. En 1984 decidió utilizar sus talentos de liderazgo en una nueva posición, y se convirtió en el director técnico de la selección nacional de Alemania Occidental. Tan solo dos años después, guio a su equipo a la final ante Argentina. Los alemanes cayeron frente a Diego Armando Maradona, pero era evidente que Beckenbauer era el hombre ideal para el puesto.

Cuatro años más tarde, en Italia en 1990, Beckenbauer alcanzó algo que él llamó su logro más grande en el fútbol. Fue el entrenador del último equipo de Alemania Occidental antes de la reunificación y lo llevó a la victoria en la Copa del Mundo de ese año, derrotando a Argentina en la final, una revancha del torneo anterior.

"No hay nada mejor que entrenar a un equipo campeón", dijo.

Beckenbauer entrenó al club francés Marsella solo una temporada antes de volver al Bayern de Múnich, al que entrenó en dos etapas breves, durante las cuales ganó un título de la Bundesliga y una Copa de la UEFA.

Se desempeñó como presidente del club durante varios años y también como miembro de la junta directiva. Gracias a su talento como administrador, Beckenbauer ha recibido mucho crédito por los éxitos del Bayern de Múnich.

También encabezó el comité organizador de la Copa del Mundo en 2006, que se llevó a cabo en Alemania. Fue uno de los eventos más grandes que se había realizado en la Alemania unificada, y trajo consigo un enorme orgullo para la nación, del mismo modo que el "milagro de Berna" había entusiasmado a Beckenbauer cuando era apenas un niñito.

En la historia alemana después de la Segunda Guerra Mundial, quizá no ha habido un atleta más inspirador que Franz Beckenbauer.

ESTADÍSTICAS:

Posición: líbero

Partidos con la selección nacional de Alemania Occidental: 103

Goles para Alemania Occidental: 14

Partidos con clubes profesionales (tres equipos): 572

Goles para clubes profesionales: 83

XAVI

Durante casi una década, España jugó el fútbol más hermoso y entretenido que el mundo hubiera visto jamás: el perfeccionamiento del fútbol de posesión, el "tiki-taka", practicado por una "generación dorada" de jugadores extraordinarios.

¿Quién fue el jugador más importante de esa generación? ¿El arquero Iker Casillas, uno de los mejores del mundo? ¿Quizá el mejor mediocampista defensor del mundo, Xabi Alonso? ¿Los goleadores David Villa y Fernando Torres? ¿El espectacular mediocampista Andrés Iniesta?

Todos son excelentes jugadores y serían buenos candidatos, pero muchos consideran que el mediocampista Xavier Hernández Creus —más conocido como Xavi— es el mejor jugador de la Generación Dorada española y uno de los mejores de todos los tiempos.

España ganó dos Eurocopas (en 2008 y 2012) y la

Copa del Mundo de 2010 con control del balón y pases exquisitos, un matrimonio perfecto entre posesión y jugadores. Y el jugador que con 1.70 m de estatura ejecutó el sistema al dedillo fue Xavi, quien se ganó el apodo de "El titiritero" por su capacidad para dictar el ritmo de juego.

"Eso es lo que hago: busco espacios", dijo al describir su estilo de juego". "Todo el tiempo estoy buscando".

Su entrenador, Pep Guardiola, explicó su forma de jugar con las siguientes palabras: "Me dan el balón, doy el balón. Me dan el balón, doy el balón. Me dan el balón, doy el balón".

Un estilo así no acapara reflectores ni gana premios individuales, pero sí ayuda a construir un sistema dominante y ganador que le permite al equipo entero alcanzar el éxito.

"Yo no gano premios", dijo Xavi. "Los construyo. Disfruto más el dar una asistencia que marcar un gol".

Nacido en Cataluña, España, en una ciudad en las afueras de Barcelona, Xavi consideraba a su padre el modelo a seguir. Joaquim Hernández jugaba para el Sabadell, un equipo local. Joaquim le enseñó todo a su hijo, a quien también le encantaba ver el fútbol inglés durante su infancia.

Xavi surgió de la liga juvenil del Barcelona, donde comenzó a jugar a los once años. Hizo su debut con el primer equipo en 1998. Pronto se convirtió en un jugador clave del equipo, que ganó el título de liga ese año, por lo que se lo nombró Jugador Revelación de La Liga. Fue un jugador transicional, un puente entre futbolistas como Guardiola, quien jugó con el Barcelona en los noventa y después se convirtió en entrenador de Xavi, y la Generación Dorada.

Sin embargo, con el comienzo del nuevo milenio el Barcelona enfrentó dificultades tanto en la cancha como en las finanzas. Xavi estuvo siempre al pie del cañón y resistió los años complicados del Barcelona hasta que el equipo sumó el talento que necesitaba y volvió a su lugar en la cima.

En 2005, tras algunas temporadas de desempeño mediocre, el Barcelona ganó La Liga por primera vez en seis años, y Xavi recibió el título de Jugador del Año de La Liga. Al año siguiente sufrió una lesión, pero volvió a tiempo para entrar como suplente durante la victoria del Barça sobre el Arsenal en la final de la Champions League.

Barcelona ganó cinco títulos en los siguientes siete años, y ocho durante la carrera de Xavi. Junto a Andrés Iniesta, su compañero del mediocampo, fueron la clave no solo del éxito del Barcelona, sino también de su selección nacional.

España siempre había parecido quedarse corta en los escenarios más grandes del fútbol mundial. El campeonato que obtuvo en 1964, en un torneo jugado en su país, era el único trofeo importante que había conquistado antes de que Xavi comenzara su carrera en el fútbol internacional. Conforme fueron apareciendo jóvenes talentos excepcionales, creció la esperanza de que España lograra más.

Por desgracia, al principio las expectativas no se tradujeron en resultados.

En los Juegos Olímpicos del año 2000, el equipo de Xavi perdió el partido por la medalla de oro ante Camerún en penales. En la Copa del Mundo de 2002, Corea, el anfitrión, eliminó a España en cuartos de final, también en la tanda de penales. En la Eurocopa de 2004 España no sobrevivió a la fase de grupos, y en el Mundial de 2006 Francia la eliminó en octavos de final.

Era un frustrante patrón, pero Xavi y su equipo

rompieron la barrera de forma espectacular. En la Euro-copa de 2008 España ganó su primer trofeo importante en cuarenta y cuatro años, tras vencer a Alemania 1-0 en la final. Xavi recibió el premio al mejor jugador del torneo, después de que el comité de selección declarara que "es el epítome del estilo del fútbol español".

"Es el mejor jugador de la historia del fútbol español", ha dicho Lionel Messi.

Pero los años dorados de España apenas estaban comenzando. A diferencia de versiones anteriores de la selección española, "La Roja", de 2008-2012, fue un equipo que logró dejar de lado las divisiones que con frecuencia habían afectado a España, como las diferencias entre idiomas regionales o la pertenencia a clubes rivales. Algunas de esas diferencias tenían un profundo trasfondo político: Cataluña tiene un fuerte movimiento independentista y no se considera parte de España. Pero la selección española fue capaz de unir al país, y Xavi, un catalán, insistió en gritar "Viva España" para motivar al equipo.

El momento cumbre del equipo llegó en el Mundial de 2010 en Sudáfrica, donde España conquistó su primera Copa del Mundo. Xavi completó el 91 por ciento de sus pases en el torneo, y mantuvo al ataque español organizado y en movimiento.

"Si el fútbol fuera una ciencia, Xavi habría sido quien descubrió la fórmula", dijo Jorge Valdano, exentrenador del Real Madrid. "No hay nadie que se haya comunicado de forma tan inteligente con todos los jugadores en el campo mientras tiene la pelota en los pies".

En la Eurocopa de 2012, España defendió su título y, una vez más, Xavi fue esencial para el éxito del equipo. España derrotó a Italia 4-0 en la final.

Después de quedar eliminados en la fase de grupos de la Copa del Mundo de 2014, Xavi se retiró de la selección nacional española. Jugó una temporada más en el Barcelona e hizo su última aparición como suplente en la final de la Champions League que ganó el Barcelona. Como capitán del equipo, Xavi levantó el trofeo tras la victoria sobre la Juventus. Fue su cuarto título de la Champions League.

Xavi pasó entonces a jugar para el Al Sadd de Catar. Su contrato por tres años también estipula que debe desempeñarse como embajador de la Copa del Mundo de 2022, que se celebrará en Catar, así como que debía convertirse en entrenador del equipo cuando terminara su carrera como jugador, cosa que ocurrió en 2019. Xavi ha expresado su deseo de volver a Barcelona y ser el entrenador de su antiguo equipo en el futuro, pero también ha sido crítico del club y ha afirmado que el equipo se ha "dormido en los laureles" en lugar de desarrollar talento joven nuevo, y que no ha producido suficientes jugadores salidos de su academia como hizo alguna vez en el pasado.

Xavi, por supuesto, es experto en la materia. Él salió de la academia del Barcelona, La Masía.

Y se convirtió en uno de los futbolistas más grandes de la historia.

ESTADÍSTICAS:

Posición: mediocampista

Partidos con la selección nacional de España: 133

Goles para España: 13

Partidos con clubes profesionales (dos equipos):
    880 (767 Barcelona, 113 Al Sadd)

Goles para clubes profesionales: 110 (85
    Barcelona, 25 Al Sadd)

JOHAN CRUYFF

E l ascenso de Holanda hasta convertirse en una potencia mundial del fútbol se le puede atribuir a un solo hombre: Johan Cruyff. Y es irónico, porque fue él quien perfeccionó el concepto del "fútbol total" como estilo de juego.

Cruyff no es tan famoso como Pelé o Maradona entre los aficionados casuales, pero hubo una época en la que se lo consideró el mejor jugador del mundo. Y además fue el mejor ejemplo del Fútbol Total, una filosofía de juego en la que cualquier jugador en el campo puede asumir la posición de otro, cuando este se mueve de su posición original, para lograr que el equipo funcione en perfecta armonía.

Aunque en teoría Cruyff ocupaba la posición de centrodelantero, los sistemas bajo los que jugó, tanto en clubes como en la selección nacional de Holanda, le permitían moverse por todo el campo, con lo cual sorprendía y aterraba a sus oponentes desde cualquier posición. Y sus compañeros se ajustaban a sus movimientos en un acomodo fluido que nunca debilitaba la táctica del equipo.

"Si quería, podía ser el mejor jugador en cualquier posición", dijo sobre Cruyff el exjugador francés Eric Cantona.

Cruyff nació en Ámsterdam en 1947, cuando Holanda aún estaba recuperándose de la Segunda Guerra Mundial. Creció en una familia de clase trabajadora, a solo unos minutos del estadio donde jugaba el Ajax, el equipo más popular del fútbol holandés.

Su padre murió de un infarto cuando Johan tenía doce años. Tras la tragedia familiar, su madre comenzó a trabajar en Ajax, como parte de los servicios de limpieza del club. Ambos sucesos impulsaron la determinación de Cruyff de triunfar como futbolista. Su padre amaba el deporte, y Cruyff quería honrarlo con su juego. Además, su madre conoció a su segundo esposo a través del Ajax, pues también trabajaba ahí. Él también influyó mucho en el pequeño Johan.

Cuando su padre murió, Cruyff ya formaba parte de las divisiones inferiores del Ajax. Escaló la pirámide del club (incluso jugó para el equipo de béisbol del

Ajax), pues, como muchos grandes clubes de Europa, la organización patrocinaba otros deportes además del fútbol. Cruyff debutó con el primer equipo de fútbol en 1964, a los diecisiete años. Al año siguiente se consagró como un talento excepcional al anotar 25 goles en 23 partidos, y encabezó el repunte del Ajax desde el puesto número trece de la tabla hasta el campeonato. Apoyado en Cruyff, el Ajax defendió su título en 1967 y una vez más en 1968.

El hombre detrás de ese éxito fue Rinus Michels, un gran exjugador del Ajax. Michels creó el concepto del Fútbol Total y encontró en Cruyff al artista perfecto para ejecutar su visión. El fluido y atractivo estilo de juego fue bienvenido en Ámsterdam, en un momento en que la ciudad se dedicaba a romper con las convenciones y a consolidarse como paraíso de la creatividad.

Mientras jugó con el Ajax, Cruyff llevó al equipo a conquistar seis títulos de liga y tres Copas Europeas (ahora la Champions League), además de ganar el Balón de Oro —el premio al mejor jugador del mundo— tres veces en cuatro años: 1971, 1973 y 1974.

En 1973 fue transferido al Barcelona por $2 millones de dólares, un monto récord en aquel momento. Se convirtió en un héroe para la afición barcelonista de

Cataluña tras llevar al club a su primer título de liga desde 1960. Ahí se reunió con su exentrenador Rinus Michels, quien había llegado a entrenar al Barcelona en 1971. Juntos ganaron el título de La Liga. Cruyff permaneció con el Barcelona hasta 1978, y luego hizo de la ciudad su hogar casi por el resto de su vida.

Cruyff fue también una gran estrella para la selección holandesa, con la que debutó en 1966. Holanda no había jugado una Copa del Mundo desde 1938, pues no había logrado clasificar en cinco ediciones consecutivas. El equipo al fin calificó para el torneo de 1974 y, tras asegurarse un lugar en la competencia, Michels se convirtió en el director técnico nacional.

Con Cruyff como su principal estrella, la selección de Holanda tuvo un desempeño legendario, lo que les valió el apodo de "La Naranja Mecánica" (un juego de palabras que alude a la popular novela y al clásico color de los uniformes del equipo). Holanda llegó a la final tras derrotar a Argentina y al campeón defensor, Brasil, en el camino, con Cruyff anotando tres goles en esos dos partidos. Pero el equipo cayó 2-1 ante el anfitrión, Alemania Occidental. Cruyff obtuvo el Balón de Oro al mejor jugador del torneo.

Cruyff ayudó a que Holanda clasificara para el

Mundial de 1978, pero se retiró de la selección de forma repentina antes del torneo (en el que el equipo volvería a ser finalista). En aquel momento, se creía que Cruyff —quien no temía hablar de temas sociales— no quería jugar en Argentina, donde había una dictadura militar en el poder. Muchos años después, se dijo que su retiro se debió al miedo que le daba alejarse de su familia tras haber sufrido un intento de secuestro en su casa en Barcelona.

Durante su carrera, a Cruyff siempre se lo consideró un rebelde. Decía lo que pensaba y hacía las cosas a su manera. Por ejemplo, se negó a usar el uniforme con las tres franjas de Adidas, pues él tenía un contrato con Puma. Así que, mientras sus compañeros tenían tres franjas en sus camisetas, Cruyff tenía dos. Además, eligió usar el número 14, lo que rompió con la tradición de usar camisetas numeradas entre el 1 y el 11.

En su carrera con la selección, anotó 33 goles en 48 juegos. Era famoso por su filosofía con respecto al deporte, el cual creía que debía ser entretenido y bello a la vista. Perfeccionó un regate llamado "el giro de Cruyff", en el que parecía que estaba por pasar el balón, pero de pronto lo arrastraba por detrás de la pierna de apoyo, giraba ciento ochenta grados y se alejaba del defensor a toda velocidad. La utilizó con gran precisión en la Copa del Mundo de 1974, y ahora es una jugada a la que se recurre con frecuencia.

Cruyff se retiró del fútbol profesional durante un tiempo, pero como había perdido dinero con algunas malas inversiones tuvo que volver a jugar. Fue a Estados Unidos y jugó para la NASL en 1979 y 1980, primero en Los Ángeles, donde ganó el premio al Jugador del Año de la NASL en 1979, y luego en Washington, D.C. Volvió a jugar en España por un periodo breve, con el Levante, y luego en Holanda, tanto para el Ajax como para su archirrival, el Feyenoord, antes de retirarse de forma definitiva.

Cuando sus días como futbolista llegaron a su fin, Cruyff comenzó una larga y exitosa carrera como entrenador, durante la cual dirigió al Ajax y al Barcelona. Desempeñó un papel fundamental en el desarrollo de grandes estrellas del juego, como Dennis Bergkamp y Pep Guardiola. En Barcelona, el "Dream Team" de Cruyff ganó cuatro títulos de La Liga y se convirtió en una potencia europea. También ayudó a establecer la identidad del club barcelonés con el "tiki-taka", lo que promovió que España se erigiera como una superpotencia futbolística. Fue el legado del estilo que Cruyff perfeccionó como jugador bajó la dirección de Michels y que luego se conoció como "el estilo del Barcelona". El juego de pases cortos y enfocado en la posesión del balón cimentó el éxito de la selección española en la Copa del Mundo de 2010 y las Eurocopas de 2008 y 2012, pues varios de los jugadores de aquel equipo crecieron en ese sistema.

Cruyff se desempeñó también como director deportivo y consultor tanto del Ajax como del Barcelona. Pero, al igual que su padre, enfermó a una edad temprana. Tras haber sido un fumador empedernido durante casi toda su vida, Cruyff desarrolló problemas cardiacos serios y murió de cáncer de pulmón en 2016.

Sin embargo, su legado y su influencia siguen vigentes en los equipos y jugadores de la actualidad, incluso en aquellos a quienes no entrenó. Lionel Messi es el perfecto ejemplo del estilo de juego que Cruyff promovía. El Bayern de Múnich y el Manchester City, con la influencia del discípulo de Cruyff, Pep Guardiola, emplean este estilo también.

"Johan Cruyff pintó la capilla", dijo Guardiola en una ocasión. "Los entrenadores del Barcelona que llegamos después solo la restauramos".

Cruyff, con su estilo de juego y su filosofía futbolística, cambió el deporte para siempre.

"La calidad sin resultados no sirve de nada", decía Cruyff. "Los resultados sin calidad son aburridos".

Y *aburrido* es una palabra que jamás usaríamos para describir a Johan Cruyff.

ESTADÍSTICAS:

Posición: delantero/mediocampista ofensivo

Partidos con la selección nacional de Holanda: 48

Goles para Holanda: 33

Partidos con clubes profesionales (siete equipos): 514

Goles para clubes profesionales: 290

ZINEDINE ZIDANE

Héroe nacional. Enemigo público. Unificador de un país. Polarizador de los fanáticos. Jugador extraordinario. Entrenador extraordinario también.

Zinedine Zidane ha sido muchas cosas durante su vida futbolística. El mediocampista francés fue uno de los jugadores más talentosos de su época y, años después, tras llevar al Real Madrid a tres títulos consecutivos de la Champions League, se convirtió en uno de los más destacados entrenadores en el fútbol profesional.

Zidane nació en Marsella, Francia, en 1972. Sus padres eran inmigrantes argelinos que se mudaron a Francia en los años cincuenta, antes de que estallara la Guerra de Independencia de Argelia. Zinedine, el menor de cinco hermanos, creció en un barrio peligroso. Su padre, Smail, trabajaba en un almacén y fue una gran inspiración para su hijo.

"Mi padre nos enseñó que un inmigrante debe trabajar el doble que cualquiera, que nunca debe rendirse", dijo Zidane alguna vez.

Zidane aprendió a jugar fútbol en las calles de su barrio y jugó en las ligas juveniles locales. A los catorce años, asistió a un campamento de entrenamiento de la Federación Francesa de Fútbol en Aix-en-Provence, al sur del país, donde lo descubrió un cazatalentos del club AS Cannes.

Zidane fue a Cannes para hacer una pequeña prueba y terminó quedándose cuatro años. Vivía con el director del equipo y su familia. Los entrenadores en Cannes notaron que el joven talento parecía dejarse llevar por la ira y que no dudaba en reaccionar ante los oponentes o espectadores que se burlaban de su ascendencia o de su situación económica. Mantener sus emociones bajo control fue uno de los desafíos más grandes en los primeros años de la carrera de Zidane, y algo que volvería a atormentarlo años después en uno de los escenarios más grandes.

En 1992, a los veinte años, Zidane fichó con otro club francés, el Bordeaux. Pasó cuatro años ahí antes de mudarse a Turín, Italia, para sumarse a la Juventus en 1996. Mientras jugaba en Italia fue reconocido como el mejor mediocampista del mundo. Llevó a la Juve a dos títulos de la Serie A y dos finales de la Champions League. Zidane era toda una superestrella, pero también se hizo famoso por no vivir la vida estrafalaria de otros atletas de alto perfil. Estaba casado, tenía cuatro hijos varones y se dedicaba por completo a su familia.

Zidane jugó para la selección nacional por primera vez en 1994, a los veintidós años. Fue parte del equipo que llegó a las semifinales de la Eurocopa de 1996, aunque para entonces aún no era la estrella consagrada en la que pronto se covertiría.

En la Copa del Mundo de Francia 1998, el mundo entero conoció al verdadero "Zizou". Francia no era el favorito, pero ganó los tres partidos de la fase de grupos. En el último, frente a Arabia Saudita, el carácter explosivo de Zidane le pasó factura cuando el árbitro lo expulsó tras pisotear a un jugador rival. Se perdió la victoria de Francia 1-0 frente a Paraguay en los octavos de final, pero volvió para la victoria frente a Italia en cuartos de final, y ante Croacia en la semifinal.

Antes de la final con Brasil, Francia estaba muy desfavorecida en las apuestas. Brasil era el campeón defensor, y a su jugador estrella, Ronaldo, se lo consideraba el mejor jugador del mundo. Pero Ronaldo desapareció misteriosamente de la alineación antes del partido, solo para volver unos minutos antes del silbatazo inicial. No jugó nada bien. En contraste, Francia —de la mano de Zidane— dominó las acciones. Zidane anotó dos goles en la primera mitad con cabezazos tras tiros de esquina. El equipo local terminó ganando el partido 3-0, lo que desató delirantes celebraciones a lo largo y ancho de París y el resto de Francia. Un desfile en la famosa avenida parisina Champs-Élysées atrajo a más de un millón de personas que vieron la imagen de Zidane proyectada en el Arco del Triunfo con la leyenda *"Merci, Zizou"*, *"Gracias, Zizou"*.

El dominio de Francia se extendió unos años más con su triunfo en la Eurocopa del año 2000. Zidane —a quien la FIFA nombró Jugador del Año tanto en 1998 como en el año 2000— volvió a ser la estrella del equipo. Aunque no anotara, era el gran orquestador de las jugadas y generaba goles con el pase perfecto. Para entonces, se había convertido en el mejor armador de jugadas del mundo.

"Cuando Zidane entraba a la cancha, los otros diez hombres mejoraban de inmediato", declaró alguna vez la estrella sueca Zlatan Ibrahimovic. "Es así de fácil. Era mágico. Era más que bueno; era de otro planeta.

Sus compañeros se volvían más como él cuando estaba en el campo".

En el Mundial de 2002, dado que una lesión lo mantuvo fuera de la cancha durante la mayor parte del torneo, quedó de manifiesto lo esencial que era para el éxito de su selección. Debido a una lesión en la ingle, Zidane se perdió los dos primeros partidos de Francia, así que lo apresuraron a volver para el tercero, pero no logró ser efectivo. El campeón defensor del Mundial quedó eliminado en la fase de grupos sin haber anotado un solo gol.

Después de que Francia cayera en los cuartos de final de la Eurocopa de 2004, Zidane anunció su retiro de la selección nacional. Sin embargo, en 2005 lo convencieron de que volviera para ayudar a su equipo, pues le estaba costando clasificar para la Copa del Mundo de 2006. Aunque varios de los grandes jugadores de Francia se habían retirado ya, Zidane ayudó al equipo a llegar una vez más a la final del torneo. Ganó el Balón de Oro y fue nombrado el mejor jugador de las semifinales.

Por primera vez desde aquella victoria en 1998, Francia —y Zidane— estaban de vuelta en la final del máximo certamen, esta vez ante Italia. Zidane sobresalió de inmediato. Su gol de penal a los siete minutos le dio la ventaja a Francia, pero Italia logró empatar y el juego se fue a tiempos extra.

La victoria estaba al alcance de Francia. Pero, en el minuto cinco del segundo tiempo extra, Zidane perdió la calma y le dio un cabezazo al italiano Marco Materazzi en el pecho. Zidane declaró después que Materazzi había insultado a su hermana durante el partido. Como consecuencia de su acto violento, Zidane fue expulsado y no pudo participar en la serie de penales definitiva. Italia ganó 5-3 en los tiros desde el manchón penal, y la infracción de Zidane pasó a la historia como el momento en que cambió el partido.

A pesar del incidente, Zidane siguió siendo muy popular en Francia. Las encuestas mostraban que más del sesenta por ciento de la población le perdonaba el exabrupto. Algunas personas señalaban que ver a una superestrella de su calibre cometer un error tan público y lidiar con las consecuencias era refrescante.

Zidane comentaría después, al recordar su carrera, que la mayoría de las tarjetas rojas que recibió fueron resultado de una provocación.

"No es una justificación", dijo. "No es un pretexto.

Pero mi pasión, mi temperamento y mi sangre me hacían reaccionar".

Zidane pasó los últimos cinco años de su carrera profesional en el Real Madrid. Llevó al club a conseguir un título de la Champions League con un legendario gol frente al Bayer Leverkusen en 2002. El quipo ganó La Liga en 2003, y de nuevo la FIFA nombró a Zidane Jugador del Año. En sus años con el Real Madrid formó parte de una alineación de superestrellas conocida como "Los Galácticos", junto a jugadores como David Beckham, Luis Figo y el ícono brasileño, Ronaldo.

Después de dejar las canchas, Zidane mantuvo una relación cercana con el club. Trabajó en Madrid como consultor especial, director deportivo y, después, entrenador del equipo B (o segundo equipo) del club.

A principios de 2016, mientras el Real Madrid tenía dificultades en la cancha, el club despidió a su entrenador y contrató a Zidane en medio de la temporada. A pesar de que hubo mucho escepticismo con respecto a si una superestrella en el campo podría tener éxito como director técnico, Zidane se asentó rápidamente en su nuevo puesto y produjo resultados de inmediato.

Condujo al Real Madrid a tres títulos consecutivos de la Champions League en 2016, 2017 y 2018, una hazaña nunca antes lograda. Renunció después de aquel inmenso logro, pero volvió al timón blanco menos de un año después.

Ya que no estaba muy alejado de sus días como jugador, Zidane pudo relacionarse con los jóvenes más talentosos.

"Cada consejo que te da es como oro líquido", dijo el mediocampista Luka Modric. "Te ayuda a mejorar en la cancha".

Zidane, quien jugó para el Real Madrid como una estrella ya veterana, fue alabado por saber manejar a su propia superestrella, Cristiano Ronaldo, y por convencerlo de que descansara y guardara sus energías para los momentos más importantes. Bajo la tutela de Zidane, Ronaldo tuvo algunas de las mejores temporadas de su ya extraordinaria carrera.

Hay pocos jugadores tan brillantes como Zidane que hayan podido alcanzar ese nivel de éxito en una segunda carrera. Es por ello que en la actualidad, Zidane se ha vuelto a consolidar como uno de los mejores del mundo.

ESTADÍSTICAS:

Posición: mediocampista ofensivo

Partidos con la selección nacional de
Francia: 108

Goles para Francia: 31

Partidos con clubes profesionales (cuatro
equipos): 506

Goles para clubes profesionales: 95

RONALDO

Si bien no hay dudas sobre quién es el jugador más grande de la historia del fútbol brasileño, podríamos pasar horas debatiendo quién ocupa el segundo lugar después de Pelé.

¿Será Garrincha, quien se vio opacado por jugar junto a Pelé, pero cuyo brillante desempeño en la Copa del Mundo de 1962 ayudó a Brasil a ganar el torneo después de que Pelé saliera lesionado? ¿Sócrates, el fantástico mediocampista? ¿Romario, quien llevó a su selección de vuelta a la gloria mundial en 1994? ¿El lateral derecho Cafú, quien jugó en tres finales de Copa del Mundo consecutivas? Las nuevas generaciones dirían que también habría que tomar en cuenta a Neymar.

La vara brasileña está tan alta que los goles y las finales de Copa del Mundo son solo el punto de entrada. Por esa razón, Ronaldo recibe el voto como el segundo jugador más importante en la historia del fútbol brasileño y uno de los hombres más talentosos que haya pateado un balón.

Ronaldo, también conocido como "El Fenómeno", participó en cuatro mundiales y, durante un tiempo, fue dueño del récord de goles en esa máxima competencia, con quince anotaciones en copas del mundo.

Hay quienes creen que, si no hubiera sufrido tantas lesiones, Ronaldo sería considerado el más grande de todos.

"Sin duda, puedo asegurar que Ronaldo es el mejor jugador con el que compartí la cancha", dijo Zinedine Zidane, quien fuera su compañero en el Real Madrid. "Tenía una facilidad impresionante para controlar la pelota. Es el número uno. Cada día que entrenaba con él veía algo diferente, algo nuevo, algo hermoso".

Ronaldo, como casi todas las estrellas brasileñas, usa solo un nombre. Ronaldo Luis Nazário de Lima nació en 1976 y creció en la pobreza, en las afueras de Río de Janeiro. Abandonó la escuela a los doce años y se dedicó de forma exclusiva al fútbol, primero con el Club Social Ramos de su barrio y luego con el São Cristóvão de la Liga Carioca.

El exjugador Jairizinho reconoció el enorme talento del joven y lo recomendó en su antiguo club, el

Cruzeiro, uno de los equipos más exitosos de Brasil. Meses después de su debut, Ronaldo anotó cinco goles en un solo partido y llamó la atención de todo el país. Luego ayudó a llevar al Cruzeiro a conquistar la Copa do Brasil de 1993, la primera en la historia del club.

Mientras su carrera de clubes despegaba, Ronaldo también participaba en el sistema de divisiones menores de Brasil, y formó parte del equipo Sub-17 que ganó el campeonato sudamericano. En 1994 debutó con la selección nacional en un amistoso frente a Argentina. A los diecisiete años formó parte de la convocatoria de su país para la Copa del Mundo de 1994, pero no tuvo minutos durante el torneo.

En los Juegos Olímpicos de 1996, Ronaldo fue parte del equipo que consiguió la medalla de bronce. Durante un tiempo, su apodo fue "Ronaldinho" ("Pequeño Ronaldo"), pues jugaba con otros futbolistas que también se llamaban Ronaldo. Con el tiempo, conforme los demás Ronaldos se fueron retirando, él se convirtió en Ronaldo, y en 1999 otro jugador —Ronaldo de Assis Moreira— pasó a ser Ronaldinho.

Ronaldo estaba por embarcarse en la que sería una complicada trayectoria profesional con varias paradas.

En 1994 se unió al PSV Eindhoven, gracias a la influencia de su compatriota Romario, quien jugó para el club holandés. Anotó treinta goles en su primera temporada, pero la segunda temporada se vio interrumpida por una lesión en la rodilla, un adelanto de lo que le esperaba en el futuro.

Su asombrosa capacidad goleadora le trajo nuevos admiradores: tanto el Inter de Milán como el Barcelona estaban interesados en él, y el club catalán pagó $19.5 millones de dólares por su ficha, una cifra récord en ese entonces. Ronaldo no decepcionó; anotó 47 goles en 49 partidos. Tuvo una temporada tan increíble —con apenas diecinueve años— que empezaron a llamarlo el mejor de todos, incluso mejor que Pelé, y se convirtió en el jugador más joven en ganar el premio al Jugador del Año de la FIFA.

Pero las negociaciones para la extensión de su contrato con el Barcelona se cayeron, y Ronaldo tuvo que empacar sus maletas de nuevo. En 1997 volvió a romper el récord del mercado de transferencias cuando el Inter de Milán pagó $27 millones de dólares para traerlo al club. En sus años en Italia, Ronaldo se convirtió en un jugador más completo, un mejor pasador y defensor. Volvió a consagrarse como el Jugador del Año de la FIFA y se convirtió en el primer jugador en ganar el premio en años consecutivos.

En 1998, con solo veintiún años, Ronaldo estaba en lo más alto de su carrera y de sus capacidades. Las expectativas que generó antes de la Copa del Mundo eran enormes: con su sonrisa que dejaba ver un hueco entre los dos dientes delanteros y una inmensa campaña publicitaria con el logo de Nike a cuestas, se convirtió en la imagen del torneo. Brasil, el campeón reinante, era el favorito y llegó a la final tras vencer a Holanda en la tanda de penales en la semifinal.

Sin embargo, la final frente al anfitrión, Francia, se convirtió en uno de los episodios más extraños y misteriosos en la historia de las copas del mundo. Poco más de una hora antes del partido, el nombre de Ronaldo desapareció de la alineación. Media hora después corrigieron la alineación para incluirlo. Sin embargo, cuando entró a la cancha no parecía el mejor jugador del mundo. Francia dominó el partido y triunfó 3-0.

El mundo se enteraría después de que aquella tarde Ronaldo sufrió convulsiones que lo dejaron inconsciente. Cuando despertó, no sabía qué había ocurrido. Mientras su equipo se dirigía al Stade de France para prepararse para el partido, él fue al hospital. Pero luego regresó al estadio, declaró estar en condiciones de jugar y entró en la alineación. Las extrañas circunstancias desencadenaron miles de teorías conspirativas: que Brasil había perdido el partido a propósito, que Nike había conspirado de alguna forma para atraer la atención de la prensa, que alguien había envenenado a Ronaldo.

Ese momento fue el comienzo de un periodo muy complicado en la carrera de Ronaldo. Al año siguiente, mientras jugaba en el Inter de Milán, sufrió una devastadora lesión; se rompió un tendón de la rodilla derecha. Cinco meses después intentó volver a las canchas, pero se lesionó de nuevo. En un momento en el que era un futbolista excepcional, las lesiones lo obligaron a someterse a dos cirugías e interrumpir su carrera durante casi dos años.

Dadas las lesiones de Ronaldo, las dudas comenzaron a rodear a la selección de Brasil rumbo a la Copa del Mundo de Corea-Japón de 2002. Ronaldo se había perdido toda la fase clasificatoria, pero a pesar de eso llevó a Brasil a su quinta victoria en copas del mundo y se consolidó como el goleador del torneo, con ocho anotaciones. Aunque no era tan explosivo como en sus primeros años, seguía siendo un jugador de élite. Además, ganó su tercer galardón como Jugador del Año de la FIFA.

Después de que el triunfo en el Mundial de 2002 ahuyentara a algunos de los fantasmas de 1998, Ronaldo cambió de aires de nuevo, esta vez para unirse al Real Madrid. Estaba en un equipo plagado de estrellas, entre ellos Zidane y David Beckham. Jugó cuatro temporadas en Madrid, pero hacia el final de esa época batallaba contra las lesiones y el exceso de peso.

Esos problemas siguieron acechándolo durante la Copa del Mundo de 2006 en Alemania. Sin embargo, Ronaldo aún podía anotar. Con su tercer gol del torneo, rompió el récord de más goles en la historia de los mundiales (el alemán Miroslav Klose luego rompió esa marca en el torneo de 2014). Pero los campeones defensores cayeron en cuartos de final ante Francia.

Ronaldo firmó con el AC Milán en enero de 2007. Con ese fichaje se convirtió en el primer futbolista en jugar a lo largo de su carrera para los dos acérrimos rivales del fútbol italiano —el Inter y el AC Milán—, y también para los dos grandes rivales españoles: Real Madrid y Barcelona. Un año después de que lo contratara el AC Milán, Ronaldo sufrió otra severa lesión de rodilla, esta vez en la pierna izquierda. Lo liberaron de su contrato al final de la temporada, y entonces volvió a Brasil para jugar con Corinthians. Jugó dos temporadas más antes de retirarse en 2011, a los 34 años, a causa de sus lesiones y otros problemas físicos.

Ronaldo influyó en toda una generación y llevó el fútbol brasileño a Holanda, Italia y España. Hizo también que mucha gente se preguntara qué habría sido de su carrera si no hubiera sufrido aquellas lesiones.

"El mejor de todos los jugadores contra los que me he enfrentado", dijo una vez el arquero italiano Gianluigi Buffon. "De no haber sido por las lesiones, creo que hablaríamos de él al mismo nivel que Pelé y Maradona".

ESTADÍSTICAS:

Posición: delantero

Partidos con la selección nacional brasileña: 98

Goles para Brasil: 62

Partidos con clubes profesionales (siete equipos): 343

Goles para clubes profesionales: 247

PAOLO MALDINI

Durante décadas, el fútbol italiano se distinguió por su defensa, un estilo de juego llamado *catenaccio*, "candado" en italiano, nombre que indicaba un estilo en el que se le cerraban todas las puertas al rival.

Durante muchos años, el acero de ese candado fue Paolo Maldini, considerado uno de los mejores defensores de la historia. Maldini jugó para la selección nacional italiana durante catorce años, desempeñándose como capitán del equipo gran parte de ese tiempo. Y jugó durante veinticuatro impresionantes años en el AC Milán, hasta cumplir los 41.

Al hablar sobre los jugadores contra los que se había enfrentado el Manchester United bajo su dirección, el legendario Sir Alex Ferguson dijo: "Sin duda Paolo Maldini ha sido mi favorito. Tenía una presencia, un espíritu competitivo y una capacidad atlética maravillosas. Y aunque no tenía la mejor técnica del mundo, ha influido en todos los equipos del Milán durante su extraordinaria y exitosa trayectoria como jugador".

La calma de Maldini en el campo era famosa, al igual que su ética de trabajo y su capacidad para leer el juego. Algunos jugadores han señalado que, cuando los marcaba, ni siquiera podían recibir el balón, mucho menos hacer algo con él. Maldini era un futbolista inteligente y sereno que, al parecer, solo recibió tres tarjetas rojas en su larga e ilustre carrera.

"Si tengo que hacerle una entrada a alguien", dijo una vez, "es porque ya he cometido un error".

El destino de Maldini estaba escrito desde que nació. Su padre, Cesare, jugó como defensor en el Milán y para la selección italiana; fue también capitán de ambos equipos y jugó en la Copa del Mundo de 1962. Cesare se retiró en 1967, y Paolo nació un año después, en Milán.

"Siempre soñé con ser tan bueno como mi papá", dijo una vez Paolo, cuyo padre se convirtió en entrenador de fútbol cuando Paolo era solo un bebé.

En este caso, el hijo superó al padre.

Fue un prodigio que —tras jugar en las categorías juveniles del Milán— debutó con el primer equipo a los 16 años. Para la siguiente temporada, cuando tenía 17, ya era parte del cuadro titular. Aunque al principio jugaba como lateral derecho, se cambió a la lateral izquierda gracias a su talento con ese pie.

Cuando Paolo tenía 18 años, lo convocó a la selección Sub-21 un entrenador a quien conocía bastante bien: su padre.

"La situación fue vergonzosa porque, para bien o para mal, siempre hubo gente que estaba dispuesta a decir que me favorecían por ser su hijo", dijo Paolo una vez.

Tal vez por eso estaba tan decidido a demostrar su valía. A los 19 formó parte de la selección mayor del equipo nacional y participó en la Eurocopa, donde Italia perdió en las semifinales. Para 1990, era habitual en la alineación del equipo que fue anfitrión de la Copa del Mundo. En el primero de los cuatro mundiales que disputó, fue parte de una defensa que no permitió que los rivales anotaran goles en los primeros cuatro partidos. Por fin, tras 538 minutos con la meta imbatida, Italia le concedió un gol a Diego Armando Maradona en la semifinal frente a Argentina. Italia perdió ese partido en la tanda de penales, el equipo terminó en tercer lugar, y Maldini fue uno de los jugadores elegidos como parte del Mejor Once del torneo.

En la Copa del Mundo de 1994, Italia una vez más se apoyó en su increíble defensa, esta vez para llegar hasta la final. Tras 120 minutos sin anotaciones frente a Brasil, Italia volvió a caer en penales y perdió 3-2. En ese momento, el defensor más famoso del equipo era Franco Baresi. Pero Baresi estaba lesionado y otros jugadores estaban suspendidos por acumulación de tarjetas, así que Maldini tuvo que dar un paso al frente y jugar tanto de central como de lateral. Volvió a ser nombrado miembro del Mejor Once del torneo.

El angustioso patrón siguió en la Euro de 1998. Aunque la "Azzurra" (como se conoce a la selección italiana por el color de su camiseta) ganó en su grupo, perdió en penales en cuartos de final ante el local —y posteriormente campeón—, Francia. Para la Copa del Mundo de 1998, Maldini ya era el primer capitán del equipo.

Francia volvió a ser el verdugo de Italia en la Eurocopa del año 2000, donde "Les Blues" derrotaron a los italianos en tiempos extra. En la última copa del Mundo de Maldini, en 2002, Italia fue eliminada por el coanfitrión, Corea del Sur, en octavos de final. Aquel partido fue uno de los más controversiales de la historia: se marcó un fuera de juego (*offside*) en el que parecía ser el gol definitivo para Italia, el equipo italiano quedó con un jugador menos cuando el ofensivo Francesco Totti recibió una tarjeta roja, ¡y el entrenador italiano acusó al árbitro central de haber amañado el juego para otorgar la victoria a los coreanos!

Maldini, de 34 años, se retiró de la selección nacional tras la eliminación de Italia. En ese momento era el futbolista italiano con más partidos con su selección en la historia. Aunque nunca levantaría un trofeo, jugó 23 partidos de copas del mundo y tiene el récord de más minutos jugados en mundiales, con 2,217.

Si tan solo hubiera esperado un ciclo más, habría capturado el elusivo título, pues Italia ganó la Copa del Mundo en 2006.

No obstante, Maldini siguió jugando para el AC Milán varios años más. Era capitán del equipo, y se lo llamó "Il Capitano" durante todo el tiempo que usó la cinta de capitán en el brazo, tanto en su club como en la selección nacional de su país.

En el casi cuarto de siglo que pasó en el Milán, Maldini tuvo más éxitos que los que obtuvo con la selección de Italia. Sus equipos ganaron cinco títulos de la Champions League y siete de la Serie A.

En 2003, en el primer partido del Milán en el que utilizó la cinta de capitán, el equipo de Maldini venció a la Juventus en la final de la Champions League, el cuarto título de la competencia para Paolo. Fue la primera final disputada entre dos equipos italianos y llegó justo cuarenta años después de que su padre hubiera ganado la Copa Europea —como se conocía antes a la Champions League— como capitán del Milán. Maldini fue nombrado el Jugador del Partido.

Bajo la capitanía de Maldini, el Milán alcanzaría un quinto título en 2007, y él, a los 38 años, se convertiría en el capitán de mayor edad en levantar el trofeo. Maldini anunció que se retiraría al finalizar la temporada 2009, a los 41 años.

En 2009, el Milán retiró su número 3. A lo largo de los años, Maldini recibió múltiples premios y reconocimientos, entre ellos Defensor del Año de la Serie A (2004), Jugador del Año de la *World Soccer* (1994) y Defensor del Año de la UEFA (2007). Fue investido en el Salón de la Fama del Fútbol Italiano, el Salón de la Fama del AC Milán y la Orden del Mérito de la FIFA, además de ser incluido en el Mejor Once de Todos los

Tiempos de la *World Soccer* y en la lista de los mejores once jugadores de la historia de la UEFA.

"Paolo Maldini es el mejor jugador a quien me enfrenté jamás", dijo la estrella brasileña Ronaldo.

Dado que es un atleta dinámico incansable, en 2017, a los 49 años de edad, Maldini probó suerte en el tenis profesional, jugando dobles en el Challengers Tour de la ATP. No obstante, su pareja y él fueron eliminados (6-1, 6-1) en la primera ronda.

"Sigue siendo un deporte, aunque no sea uno en el que yo sobresalga", dijo Paolo en aquella ocasión.

Más allá de sus problemas en la cancha de tenis, sí sobresalió en el fútbol. Y la tradición familiar continúa. Sus dos hijos, Christian y Daniel, han sido fichados por las divisiones inferiores del Milán. En 2016, Christian fue capitán del equipo Sub-19 del Milán en un partido amistoso. Christian jugó como central y lateral izquierdo. Daniel, quien entonces estaba en el equipo Sub-16, es delantero.

Cuando retiró el número de Maldini, el club señaló que nadie volvería a utilizarlo, a menos que alguno de sus hijos jugara en el primer equipo y quisiera vestir la camiseta con el número de su padre.

Eso significa que el Milán aún puede ver a otro número 3 en el futuro.

ESTADÍSTICAS:

Posición: lateral izquierdo, defensa central

Partidos con la selección nacional de Italia: 126

Goles para Italia: 7

Partidos con el AC Milán: 647

Goles para el AC Milán: 29

GIANLUIGI BUFFON

Elegir al mejor portero de la historia no es cosa fácil.

El portero de la Unión Soviética Lev Yashin fue una leyenda en los años sesenta, y se le considera un jugador que redefinió el arte de la portería con su capacidad atlética y su control de la defensiva con la voz. Asimismo, tanto Oliver Kahn como Manuel Neuer son leyendas en Alemania. Por otro lado, el corazón de España está con Iker Casillas. Los aficionados daneses insisten en que Peter Schmeichel es el mejor de todos, mientras que los ingleses no tienen dudas de que el más grande es Gordon Banks.

Pero, si tomamos en cuenta la longevidad, el liderazgo, el talento y las victorias tanto en clubes profesionales como con su selección nacional, entonces el mejor arquero de la historia es el italiano Gianluigi Buffon.

"Buffon es mi ídolo", ha dicho Neuer.

Durante más de veinte años, Buffon ha sido una constante bajo los postes, tanto para Italia como para sus clubes, primero el Parma y luego la Juventus. Además, ayudó a su selección a conquistar la Copa del Mundo de 2006 y al Parma a ganar la Copa de la UEFA en 1999. Dieciocho años después, como capitán de la Juventus, guio a su equipo a su segunda final de la Champions League en tres años (la Juventus perdió ambas, frente al Barcelona y al Real Madrid). Es innegable que la duración de su carrera es impresionante.

"Esa es la belleza de la vida, de estar vivo", ha dicho Buffon. "Poder conocer a chicos que no habían nacido cuando yo ya llevaba gran parte de mi carrera a cuestas".

Como arquero, es conocido por sus veloces reflejos y su capacidad para atajar. Siempre ha sido alabado por su liderazgo y su fortaleza mental, que es esencial para los porteros.

Buffon estaba destinado a tener una carrera deportiva. Su madre fue lanzadora de discos y su padre levantador de pesas, y ambos después se desempeñaron como maestros de educación física. Sus hermanas jugaron vóleibol en la selección nacional de Italia, su tío jugó básquetbol, y la leyenda de la portería italiana Lorenzo Buffon era su primo lejano.

Nació en Carrara, una ciudad famosa por su cantera de mármol, el mismo que se utilizó en grandes obras de arte como *El David* de Miguel Ángel. Buffon, por su parte, haría al pueblo famoso por su arte en la portería.

Comenzó su carrera en el fútbol infantil como mediocampista, pero se convirtió en arquero a los once años. Cuando tenía doce, quedó maravillado por la actuación bajo la portería del camerunés Thomas N'Kono en la Copa del Mundo de 1990 que se disputó en Italia. Al sumarse a las divisiones inferiores del Parma a los trece años, lo hizo como portero.

Buffon debutó en la Serie A con el primer equipo del Parma a los 17 años. El cero que colgó en su portería en ese primer partido contra el Milán fue un augurio de cómo sería su carrera. Buffon impuso un récord de porterías a cero en la Serie A. Para su segunda temporada, ya era el arquero titular.

Al comienzo de su carrera se ganó el apodo de "Superman" por detenerle un penal a Ronaldo, quien jugaba para el Inter de Milán y era considerado el delantero más peligroso del mundo en aquel entonces. Tras la victoria, Buffon celebró mostrando la camiseta de Superman que traía debajo de la camiseta del Parma. El apodo se popularizó, y a la temporada siguiente demostró lo apropiado que era: Buffon ayudó al Parma a conquistar la Copa de la UEFA tras no permitir anotar al Marsella.

En 2001, Buffon fue transferido a la Juventus por una cifra récord para un portero. Su larga carrera con la Juve estuvo llena de éxitos, aunque durante ella también se vio envuelto en un gigantesco escándalo. En 2006, varios jugadores, incluido Buffon, fueron acusados de apostar en partidos de la Serie A (los atletas no tienen permitido hacer apuestas en juegos de sus propias ligas). Buffon cooperó con la investigación; admitió haber apostado en deportes, pero no en el fútbol italiano. Se le levantaron todos los cargos, pero, como castigo, a la Juventus se le arrebataron sus últimos dos títulos de Serie A y se relegó al club a la Serie B.

En cuestión de un año, la Juventus volvió a la Serie A. Aunque Buffon sufrió algunas lesiones en las temporadas siguientes, él y su equipo recuperaron su mejor forma. Después de 2001, la Juventus entró a una nueva era de dominancia: ganó seis títulos consecutivos de la Serie A y volvió a dos finales de la Champions League, que perdió en 2015 y 2017. Tras un breve paso por el Paris Saint-Germain, Buffon volvió a la Juventus en 2019, a los 41 años.

Por su parte, en el mundo del fútbol internacional, Buffon participó con frecuencia en los equipos menores de Italia desde los catorce años. En 1996 representó a su país en los Juegos Olímpicos, que —en la rama masculina— es un torneo Sub-23. Jugó su primer partido con la selección mayor en 1997, cuando tenía 19 años. Ayudó a su equipo a clasificarse para la Copa del Mundo de 1998, y entró a la convocatoria como tercer portero, pero fue promovido a segundo tras una lesión del portero titular. Sin embargo, no jugó un solo minuto en aquel torneo, en el que Italia cayó en cuartos de final frente al equipo que ganaría el torneo: Francia.

Buffon se fracturó una mano antes de la Eurocopa del año 2000, y no contribuyó al gran paso que dio su equipo al llegar hasta la final. Francesco Toldo se desempeñó como arquero durante el torneo y mantuvo su puesto durante las eliminatorias para el Mundial de 2002. Pero era evidente que Buffon era el portero del futuro; recuperó su puesto y jugó todos los minutos de la Copa del Mundo de 2002 y la Eurocopa de 2004. Sin embargo, la actuación de Italia en ambos torneos fue decepcionante para los hinchas de la "Azzurra", quienes esperaban que su equipo volviera a casa con algún trofeo.

La espera terminó en 2006. Italia tuvo un Mundial de ensueño en Alemania, y la actuación de Buffon fue sublime. Concedió solo dos goles: un autogol por un compañero de equipo y un penal a Zinedine Zidane en la final. Buffon mantuvo la portería a cero durante cinco partidos y una racha de 453 minutos sin recibir gol. A pesar de que ni Buffon ni su contraparte francés, Fabien Barthez, pudieron detener un solo penal en la final, Italia ganó cuando el jugador francés David Trezeguet falló. Buffon fue nombrado el mejor portero del torneo, parte del Mejor Once de la competencia, y terminó segundo en las votaciones al Balón de Oro.

Buffon batalló con algunas lesiones en la Copa del Mundo de 2010, lo que no ayudó al campeón defensor, que quedó eliminado sin ganar un solo partido. Buffon se convirtió en el capitán de Italia, y ayudó a su selección a llegar a la final de la Eurocopa de 2012, donde cayeron frente a España. Pero, en la Copa del Mundo de 2014, Italia volvió a quedar eliminada en la fase de grupos y solo logró llegar hasta los cuartos de final de la Eurocopa de 2016.

Buffon siguió a la cabeza de la selección italiana durante el ciclo mundialista de 2018. En marzo de 2017, en un partido clasificatorio frente a Albania, celebró su partido número mil con una nueva portería a cero (la número 426 entre clubes y selección). Pero, para sorpresa de muchos, Italia no logró clasificarse para el Mundial. Aunque Buffon había planeado retirarse tras la Copa del Mundo, siguió representando a su país en 2018.

Su increíble carrera ha abarcado generaciones enteras y "Gigi" ha sido una constante en sus clubes y en su selección.

Su carrera es una de las más grandes de la historia.

ESTADÍSTICAS*:

Posición: arquero
Partidos con la selección nacional italiana: 176
*Partidos con clubes profesionales: 867 (Parma
     220, Juventus 625, París Saint-Germain 22)*
*Jugador en activo

LOS 10 MÁXIMOS GOLEADORES EN LA HISTORIA DE LAS SELECCIONES NACIONALES

1. **ALI DAEI**, IRÁN: 109 GOLES EN 149 PARTIDOS
2. **CRISTIANO RONALDO**, PORTUGAL: 95 GOLES EN 162 PARTIDOS
3. **FERENC PUSKÁS**, HUNGRÍA: 84 GOLES EN 89 PARTIDOS
4. **KUNISHIGE KAMAMOTO**, JAPÓN: 80 GOLES EN 84 PARTIDOS
5. **GODFREY CHITALU**, ZAMBIA: 79 GOLES EN 108 PARTIDOS
6. **HUSSEIN SAEED**, IRAQ: 78 GOLES EN 137 PARTIDOS
7. **PELÉ**, BRASIL: 77 GOLES EN 92 PARTIDOS
8. **(EMPATE) SÁNDOR KOCSIS**, HUNGRÍA: 75 GOLES EN 68 PARTIDOS; **BASHAR ABDULLAH**, KUWAIT: 75 GOLES EN 133 PARTIDOS
9. **SUNIL CHHETRI**, INDIA: 72 GOLES EN 113 PARTIDOS.

LOS DIEZ MEJORES GOLES EN LA HISTORIA DE LAS COPAS DEL MUNDO

10. **LANDON DONOVAN**, EUA VS. ARGELIA, 2010, FASE DE GRUPOS

Tras una decepcionante participación en 2006 y dos sorprendentes empates en sus primeros partidos de la Copa del Mundo de 2006, los estadounidenses necesitaban ganar ante Argelia para evitar la eliminación. Un empate no sería suficiente. Debido a un controversial fuera de juego (*offside*), un posible gol fue anulado. El partido se mantenía en ceros, y al equipo norteamericano se le acababa el tiempo; solo quedaba un minuto en el tiempo añadido. Sin embargo, en los últimos segundos el arquero Tim Howard tiró un largo pase de salida a Donovan, quien orquestó el contrataque a toda velocidad; abrió el balón hacia la derecha, donde Jozy Altidore tiró una diagonal retrasada para Clint Dempsey. El portero bloqueó el disparo de Dempsey, pero Donovan, que había seguido

a Demsey por detrás, ¡llegó a hacer el contra-
rremate! La victoria llevó a Estados Unidos a
la siguiente ronda.

9. ROBIN VAN PERSIE, HOLANDA VS. ESPAÑA, 2014, FASE DE GRUPOS

No fue difícil encontrarle un apodo a este gol:
"El holandés volador" era una opción obvia
y perfecta, considerando la nacionalidad de
Robin van Persie. Al enfrentarse al equipo al
que habían derrotado cuatro años antes, España, los campeones defensores se adelantaron 1-0 en el marcador del primer partido en
su búsqueda por ratificar su título en la Copa
del Mundo de 2010. Entonces, van Persie recibió un balón largo a unos quince metros
de la portería y se lanzó hacia el pase con la
cabeza por delante; el cabezazo salió dispa-
rado hacia el frente y por encima del portero
español, Iker Casillas. Holanda destruiría a
España 5-1 en ese partido, una señal del final
prematuro de la participación española en
el torneo. Aquel gol volador fue uno de los
momentos más destacados de todo el torneo.

8. ANDRÉS INIESTA, ESPAÑA VS. HOLANDA, 2010, FINAL

España era el equipo favorito para quedarse con la Copa del Mundo de 2010, pero tuvo problemas para anotarle al equipo holandés que se caracterizaba por ser muy físico. En un partido plagado de faltas, el marcador se mantuvo inmóvil hasta el segundo tiempo extra. Los holandeses jugaron con un hombre menos tras la expulsión de John Heitinga. El mediocampista español Cesc Fàbregas tomó un rebote de la defensa holandesa a las afueras del área y filtró un pase hacia la derecha a su compañero, Iniesta, quien disparó después de la recepción y antes de la entrada de algún defensor, con lo cual venció al arquero y le dio a España su primer título mundial.

7. MARCO TARDELLI, ITALIA VS. ALEMANIA OCCIDENTAL, 1982, FINAL

El segundo gol de la que sería una victoria de 3-1 sobre los alemanes en la final de la Copa del Mundo fue una hermosa anotación, un contragolpe que pasó por siete jugadores italianos antes de que el mediocampista Tardelli tuviera su momento de gloria. Los italianos pasearon el balón por el área de Alemania antes de encontrar a Tardelli con una diagonal retrasada en la medialuna. Recibió con la pierna derecha, recortó hacia su izquierda y soltó un cañonazo cruzado que desencadenó celebraciones por toda Italia.

6. GEOFF HURST, INGLATERRA VS. ALEMANIA OCCIDENTAL, 1966, FINAL

Hurst anotó un triplete en 1966, y fue la única persona en lograrlo en una final de Copa del Mundo hasta que Carli Lloyd repitió la hazaña en 2015. A los once minutos del primer tiempo extra, el partido estaba empatado 2-2, cuando Hurst adelantó al equipo local con una media vuelta de pierna derecha dentro del área. El balón golpeó el travesaño y rebotó a un par de centímetros de la línea de gol. Si bien Alemania protestó —y siguió haciéndolo durante años—, la jugada se marcó como gol (una decisión que quedaría ratificada por un estudio con tecnología de ojo de halcón muchos años después). Hurst sumó un histórico tercer gol en el partido hacia el final de los tiempos extra, pero es su controversial gol de la ventaja el que será recordado por siempre.

5. ZINEDINE ZIDANE, FRANCIA VS. BRASIL, 1998, FINAL

La mayoría de los aficionados dirán que, de los tres sorprendentes goles de Francia ante Brasil en la final del torneo de 1998, el más hermoso fue el tercero, anotado por Emmanuel Petit. Pero Zidane marcó el rumbo del partido en el minuto 27, elevándose por los aires, con las piernas bien abiertas, para cabecear un tiro de esquina y darle a su equipo la ventaja. Anotaría un gol casi idéntico menos de veinte minutos después.

4. JOHAN CRUYFF, HOLANDA VS. BRASIL, 1974, FASE DE GRUPOS

Cruyff llevó a Holanda a la final del torneo y se hizo famoso por el "giro de Cruyff". Pero este gol frente a Brasil, que puso a su equipo en la final, fue una verdadera obra de arte. A pesar de ser un partido donde lo cosieron a patadas y tuvo una marca doble encima todo el tiempo, Cruyff ya había hecho una asistencia para el primer gol de su equipo. En el minuto 65 hizo un pique por el centro del área y remató de volea con la pierna derecha para asegurar el triunfo de su selección.

3. **CARLOS ALBERTO**, BRASIL VS. ITALIA, 1970, FINAL

Esta fue la última Copa del Mundo de Pelé y la última que Brasil ganaría en 24 años. Aunque el partido ya estaba decidido cuando cayó el gol en el minuto 65, fue una anotación que pasaría a la historia. Brasil sacó el balón desde el fondo; tras una genialidad de Clodoaldo para quitarse a cuatro mediocampistas italianos de encima y tirarle un balón largo a Jairzinho, Pelé recibió el pase en el centro y espero hasta el momento perfecto para encontrar al capitán, Carlos Alberto, que venía por la lateral derecha, a quien le pasó el balón para que fusilara al arquero Dino Zoff con un disparo cruzado. El ejemplo perfecto del *jogo bonito*.

2. PELÉ, BRASIL VS. SUECIA, 1958, FINAL

Con este gol nació la estrella. El chico de 17 años mató el balón con el pecho, le hizo un sombrerito a un defensor y prendió el balón de volea para mandarlo al fondo de la red. El gol, el primero de los dos que anotaría en ese partido, era lo que Brasil necesitaba para conquistar su primer título mundial.

1. DIEGO ARMANDO MARADONA, ARGENTINA VS. INGLATERRA, 1986, CUARTOS DE FINAL

Existe una razón por la que seguimos llamándolo el "gol del siglo" más de treinta años después de que ocurrió y a pesar de que ya estamos en un nuevo siglo. La superestrella argentina ya había herido a los ingleses con "la mano de Dios", y los "Leones" miraron impotentes cómo Maradona burló a cinco defensores y recortó al arquero Peter Shilton antes de empujar el balón al fondo. Argentina ganó el torneo, pero su gol en los cuartos de final sigue siendo el momento más destacado de esa Copa del Mundo.

▶ ▶ ▶ *MEDIO TIEMPO*

LAS LIGAS DEL MUNDO

El fútbol es un deporte de muchas lealtades. Quizá seas de Estados Unidos, pero apoyas a España porque tu jugador favorito en la Liga Premier inglesa es español. Y prepárate para cambiar de pronto; ese jugador puede fichar con un club alemán en cualquier momento.

Si bien cada cuatro años se disputa la Copa del Mundo, el máximo evento en el mundo del fútbol, hay fantástica competencia de clubes todo el año. En el siglo XXI, con la extensión de los derechos televisivos y el *live streaming*, los mejores clubes del mundo se han vuelto accesibles para los aficionados al fútbol en cualquier parte del mundo.

Ahora, las lealtades y el aliento atraviesan fronteras y culturas, y los mejores jugadores del planeta suelen ser personas reconocidas incluso muy, muy lejos de casa.

Además de los torneos de liga, los mejores clubes europeos de las distintas ligas compiten en la Copa de

Campeones de la Unión de Asociaciones Europeas de Fútbol (UEFA), también conocida como la Champions League (antes Copa de Europa). Este torneo reúne a algunas de las estrellas más grandes del mundo en partidos que se disputan a lo largo de toda la temporada, y culmina con una fase final que se lleva a cabo en mayo.

Muchas ligas profesionales emplean el sistema de ascensos y descensos, en el que los equipos con peores desempeños "descienden" a la segunda división, mientras que los mejores equipos de esa segunda división obtienen su ascenso a la primera. Sin embargo, este sistema no se usa en las ligas deportivas de Estados Unidos, incluida la Major League Soccer.

En una era en la que las ligas de fútbol siguen extendiéndose por todo el planeta, puede ser complicado seguirle la pista a todo. Pero no te preocupes; yo te ayudo. Veamos ahora algunas de las mejores ligas profesionales del mundo.

ENGLISH PREMIER LEAGUE (EPL)

Inglaterra tiene la liga de fútbol profesional más antigua del mundo. Y, aunque ha tenido bastante competencia, la EPL sigue siendo considerada el pináculo del fútbol profesional.

Las raíces de esta liga están en la Football League, que se fundó en 1888 y estaba compuesta por doce equipos. Cuando se sumaron equipos adicionales cuatro años después, la liga se separó en dos divisiones. Ese sistema se mantuvo vigente durante cien años, hasta que en 1922 los mejores equipos se independizaron para formar la Premier League. Su motivación fue un enorme contrato televisivo: la EPL es hoy en día la liga más vista del mundo.

Los mejores veinte equipos conforman la Premier League. Al final de la temporada, los tres equipos con menor puntuación descienden a la división inferior, la Championship Football League, mientras que los dos mejores equipos de la Championship ascienden a la Premier, y el tercer lugar se disputa en una eliminatoria.

A pesar de la plétora de equipos que existen en la liga, solo unos cuantos han dominado la competencia. Todas las ediciones del torneo, salvo dos, han sido ganadas por cuatro equipos: Manchester United, Chelsea, Arsenal y Manchester City. Blackburn Rovers ganó el título en 1995, y la sorpresa más grande fue la victoria del Leicester City en 2016.

Al Manchester United se lo considera el equipo más popular del mundo. En su historia, algunos de los jugadores más famosos del planeta han vestido la camiseta roja, incluyendo a David Beckham, Cristiano Ronaldo, George Best, Wayne Rooney, Bobby Charlton y Ryan Giggs.

Tener éxito en la EPL es todo un honor, por lo que jugadores estadounidenses como Tim Howard y Clint Dempsey se han ganado el respeto del mundo entero tras haber jugado exitosamente en ese nivel tan elevado.

LA LIGA

La primera división española se ha consolidado como la principal liga del fútbol europeo tras ganar más campeonatos de la UEFA que ninguna otra liga en este siglo.

La popularidad y el estatus global de La Liga creció gracias a la rivalidad y la concentración de estrellas de sus dos mejores equipos, el Real Madrid y el FC Barcelona. Los archirrivales se han combinado para ganar diez títulos de Champions League entre 2000 y 2018. ¡Y el Real Madrid ha ganado el torneo 13 veces! Ningún otro equipo se le acerca.

El hecho de que los dos jugadores considerados los mejores del mundo —Lionel Messi y Cristiano Ronaldo— ejercieran su oficio en La Liga y compitieran el uno contra el otro durante años no hizo más que incrementar el glamour de esta liga.

La Liga comenzó en 1927 con diez equipos. Ahora tiene veinte y un sistema de ascenso y descenso donde los equipos con puntuación más baja caen a la Segunda División al final de cada temporada.

Esta liga tiene una historia más política que muchas otras. La Guerra Civil Española estalló poco después de la fundación de la competencia, y esas divisiones siguen presentes hasta el día de hoy. El escudo del Barcelona se convirtió en uno de los estandartes de la independencia de Cataluña, la región de donde proviene el equipo, la cual ha luchado por convertirse en un país independiente durante décadas. Real Madrid era el equipo asociado con el dictador Francisco Franco y ahora, casi medio siglo después de su muerte, los aficionados aún recuerdan esos lazos opresivos. El Athletic de Bilbao, por su parte, es un símbolo del movimiento independentista del País Vasco, otra región que ha coqueteado con la idea de convertirse en su propia nación.

Si bien la Premier League inglesa es la liga más rica del mundo, La Liga es la única que puede presumir de tener a dos de los tres equipos con más ingresos del mundo: el Real Madrid y el Barcelona. La selección española que ganó la Copa del Mundo de 2010 estaba conformada casi en su totalidad por jugadores de estos dos clubes.

BUNDESLIGA

El fútbol alemán estuvo muy relegado con respecto a otros países en términos de establecer una liga profesional sólida, en parte por su historia durante la Segunda Guerra Mundial y la subsecuente división del territorio en dos países.

Antes de la formación de la Bundesliga en 1963, el fútbol en Alemania solo se practicaba a nivel semiprofesional, lo que provocó que algunos de los mejores jugadores alemanes abandonaran el país para jugar en el extranjero. Sin una liga nacional fuerte que albergara a los jugadores locales, la selección nacional comenzó a flaquear, lo que aumentó el impulso por crear una liga profesional de primer nivel.

La Bundesliga comenzó con dieciséis equipos. Tras la reunificación de Alemania en 1990, la liga se expandió y ahora cuenta con dieciocho equipos. También cuenta con un sistema de ascenso y descenso en el que los equipos pueden caer a la segunda división. La liga alemana se enorgullece de tener los precios de entradas más bajos de Europa y las cifras de asistencia más altas.

El club más exitoso es el Bayern de Múnich, que ha ganado el título de la Bundesliga 28 veces, además de cinco campeonatos europeos. El Bayern de Múnich se formó en 1900, antes de la creación de la Bundesliga, y fue parte de varias ligas semiprofesionales, donde prosperó desde el principio. Pero su progreso se vio afectado por el ascenso del partido Nazi, razón por la cual tanto el dueño como el entrenador del Bayern —ambos judíos— tuvieron que huir del país.

Sin embargo, la fortuna volvió a sonreírle al equipo a principios de los sesenta, cuando el club se unió a la Bundesliga y sumó a Franz Beckenbauer a la plantilla de su primer equipo. Beckenbauer condujo al club a tres títulos europeos.

En años recientes, el Bayern de Múnich ha sido el hogar de algunos de los mejores jugadores alemanes, entre ellos varios miembros de la selección ganadora de la Copa del Mundo de 2014, como el arquero Manuel Neuer y los mediocampistas Thomas Müller y Bastian Schweinsteiger.

SERIE A

La primera división italiana alberga algunos de los clubes más exitosos de la historia del fútbol, y durante el siglo XX se la consideró la mejor liga del mundo. Aunque otras ligas pueden haberla superado en este siglo —en particular la española—, sigue siendo fuente de partidos emocionantes y grandes estrellas.

La liga data de 1898, aunque en aquel entonces los equipos estaban divididos por región. En 1929, la liga se centralizó en la Serie A, con 18 equipos. Hoy, la liga cuenta con 20 equipos. Tiene también un sistema de ascenso y descenso, y está rankeada como la cuarta liga en la UEFA, detrás de las tres mencionadas anteriormente.

El único club que ha competido en todas las temporadas de la Serie A desde su fundación es el Inter de Milán. Mientras tanto, la Juventus de Turín es el equipo más exitoso de la competencia, pues dominó durante los años treinta, los setenta, los ochenta y la mayor parte del siglo XXI.

Algunos de los jugadores más famosos del mundo han jugado en la Serie A, como los brasileños Kaká y Ronaldo, y el francés Zinedine Zidane. Sin embargo, la mayoría de los récords en la Serie A pertenecen a italianos. Paolo Maldini tiene la marca de más partidos jugados, 647, todos con el AC Milán. Le sigue Gianluigi Buffon, quien ha representado al Parma y a la Juventus. Los máximos goleadores de la liga son Silvio Piola y Francesco Totti, quienes llevaron a Italia a ganar la Copa del Mundo en distintas épocas.

La liga italiana recibió un enorme empujón cuando Cristiano Ronaldo firmó con la Juventus en 2018 y su camiseta número 7 se convirtió en una de las más vendidas del mundo.

MAJOR LEAGUE SOCCER (MLS)

La Major League Soccer no es una de las ligas de fútbol más importantes del mundo. Al menos no por el momento. Pero sus promotores esperan que lo sea pronto.

A fin de cuentas, la MLS es una de las ligas más jóvenes del mundo. Estados Unidos no tenía una liga profesional de fútbol exitosa cuando en 1988 fue elegido como anfitrión de la Copa del Mundo de 1994. La North American Soccer League había florecido durante un breve periodo en los setenta gracias a la llegada de varios jugadores de alto perfil, siendo Pelé el más importante de ellos.

Pero ese fenómeno duró poco. Cuando la FIFA le otorgó su preciado torneo a los Estados Unidos, una de las condiciones fue que el país creara una liga profesional viable. Así fue como en 1996 nació la MLS.

La liga comenzó con diez clubes, cada uno con un jugador franquicia de la selección nacional. Aunque algunos de los equipos han cambiado de nombre o de "marca", nueve de los diez equipos originales siguen existiendo. Para 2017, la liga se había expandido a 22 equipos, y planea futuras expansiones.

Aunque esta liga tuvo problemas en sus primeros años, cuando jugaba en enormes estadios de la NFL, comenzó a asentarse a principios de este nuevo siglo. La ayudó el surgimiento de jóvenes talentos como Landon Donovan, que se convirtieron en estrellas. (Encontrarás más sobre ellos en el siguiente capítulo). La liga invirtió también en estadios más pequeños, dedicados solo al fútbol, lo que ofrecía a los aficionados una experiencia más íntima.

La liga adoptó la regla del "jugador designado" en 2007, y algunas estrellas globales se sumaron a la liga. El más notable de ellos fue David Beckham, quien llegó al Los Angeles Galaxy. Aunque el valor de las estrellas atrajo al público y los reflectores, no mejoró mucho el nivel de juego. Muchos se preguntaban si la liga tendría éxito, sobre todo porque los aficionados estadounidenses podían ver las mejores competiciones internacionales por televisión. La liga también recibió críticas por llevar un calendario contrario al del resto del mundo, que comenzaba en primavera y terminaba en otoño. Esa decisión se tomó para que el fútbol se jugara en verano, que es cuando hay menos deportes en el calendario nacional.

Sin embargo, conforme han pasado los años, el nivel de juego ha mejorado y los equipos han ganado fanáticos fieles. Los clubes de la MLS fundaron sus academias, imitando a los equipos europeos, para desarrollar talento propio que pudiera no solo ayudar a sus compañeros, sino también a la selección nacional, y para que también pudiera ser exportado a ligas extranjeras. La liga incrementó su valor y los planes de expansión fueron recibidos con entusiasmo.

La MLS tenía casi un siglo de retraso en comparación con las ligas de otros países. Sin embargo, ha avanzado mucho en muy poco tiempo.

ALGUNAS DE LAS OTRAS GRANDES LIGAS DEL MUNDO

LIGUE 1 FRANCESA:

La primera división de Francia cuenta con veinte equipos, incluyendo al París Saint-Germain, Olympique de Lyon, Saint-Étienne y Marseille.

PRIMEIRA LIGA:

La principal liga portuguesa está compuesta por dieciocho equipos, entre ellos el Benfica, el Porto y el Sporting CP.

EREDIVISIE:

La liga profesional holandesa tiene dieciocho equipos, entre los que destacan Ajax, PSV Eindhoven y Feyenoord.

LIGA MX:

La primera división de México cuenta con dieciocho equipos, entre ellos el Club América, Guadalajara, Pumas, Cruz Azul, Tigres y Monterrey.

PRIMERA ARGENTINA:

La liga profesional argentina tiene veintiocho equipos, incluyendo a River Plate, Boca Juniors, Racing y Newell's Old Boys.

BRASILEIRO SERIE A:

La principal liga de Brasil alberga veinte equipos, entre ellos los famosos Corinthians, Santos, Fluminense y Flamengo.

MÁXIMOS GANADORES DE COPAS DEL MUNDO

4. **(EMPATE) INGLATERRA:** 1 (1996); **ESPAÑA:** 1 (2010)
3. **(EMPATE) FRANCIA:** 2 (1998, 2018); **ARGENTINA:** 2 (1978, 1986); **URUGUAY:** 2 (1930, 1950)
2. **(EMPATE) ALEMANIA:** 4 (1954, 1974, 1990, 2014); **ITALIA:** 4 (1934, 1938, 1982, 2006)
1. **BRASIL:** 5 (1958, 1862, 1970, 1994, 2002)

▶ ▶ ▶ *SEGUNDO TIEMPO*

EL ONCE INICIAL DE ESTADOS UNIDOS

LANDON DONOVAN

El mejor jugador estadounidense fue el mismo en 2002, en 2006 y en 2010. Y, hasta que alguien tenga argumentos sólidos para destronarlo, el rey del fútbol de Estados Unidos seguirá siendo Landon Donovan.

Él es el jugador más importante del país.

Durante la primera década del siglo XXI, Donovan pasó de ser un prodigio adolescente a un ícono nacional. Su evolución como jugador fue paralela al crecimiento del interés en el fútbol por parte del público estadounidense.

Aún años después de su retiro, Estados Unidos sigue en busca de alguien que pueda sobrepasarlo en términos de lo que significó para el fútbol nacional y el destino del deporte en el país.

"Es el más grande que jamás haya vestido la camiseta de Estados Unidos", dijo sobre él el arquero Tim

Howard. "Cualquiera que esté en desacuerdo no entiende nada".

Donovan nació en Ontario, un suburbio de Los Ángeles, California. Tiene una gemela, Tristan, que llegó al mundo pocos minutos antes que él. Su padre, Tim, estuvo ausente durante gran parte de su infancia y su madre, Donna, crio a los gemelos y a su hermano mayor, Josh, casi sola.

Donovan comenzó a jugar fútbol con su hermano mayor cuando tenía cerca de seis años. Su talento era natural. En su primer partido formal anotó siete goles. Ascendió hasta los niveles más altos del fútbol juvenil y fue seleccionado para jugar con clubes exclusivos. Aunque el dinero no abundaba, recibió ofertas de becas por parte de los clubes, lo que le permitió seguir jugando.

Fue una estrella en la escuela secundaria, lo que le valió una invitación para jugar en el Programa de Desarrollo Olímpico. Jugó con la selección Sub-17 de Estados Unidos, y el joven de 16 años llamó la atención del club alemán Bayer Leverkusen, cuyo cazatalentos lo descubrió durante un torneo en Europa. Con solo 17 años, Donovan firmó un contrato por seis años con el equipo alemán.

"En veintiún años de trabajar con jugadores jóvenes, pocas veces había visto tanto potencial", dijo Michael Reschke, el director deportivo que firmó a Donovan.

El sello distintivo de Donovan era la velocidad, la visión y las habilidades tácticas. Podía jugar como delantero, pero solía ser más letal por las bandas.

"El problema con Landon es que es tu mejor jugador en tantas posiciones que no sabes dónde ponerlo", dijo en una ocasión su entrenador de varios años, Bruce Arena.

El adolescente Donovan se mudó a Alemania y, aunque jugaba bien, no era feliz. En casa había sido una estrella; ahora, de pronto, cada entrenamiento era una intensa competencia. Al ser estadounidense —y muy joven— no lo respetaban mucho.

"Si no estás en una situación buena para ti", dijo, "puede convertirse en algo deprimente".

Tras dos años viajando de Alemania a Estados Unidos para jugar con las selecciones nacionales, Donovan solicitó con éxito ser cedido en préstamo al San José Earthquakes de la Major League Soccer (MLS). Con apenas 19 años, causó una sensación inmediata y llevó a los Earthquakes al título de la MLS. Jugó en 22 partidos, anotó siete goles, dio diez asistencias y fue nombrado el Jugador Más Valioso del Juego de Estrellas. Comenzaba a causar revuelo en los círculos del fútbol nacional.

Para entonces, ya había debutado con la selección mayor de Estados Unidos y anotado un gol en su primer partido ante México, un rival contra el cual tendría actuaciones destacadas a lo largo de su carrera. Ese debut ocurrió apenas unas semanas después de que hubiera jugado con la selección Sub-23 en los Juegos Olímpicos de Sídney. Bajo la tutela del nuevo entrenador, Bruce Arena, la selección mayor dejó atrás el ridículo de la Copa del Mundo de 1998, donde el equipo no consiguió ganar un solo partido. El equipo se reformó con algunos veteranos fundamentales y nuevos talentos jóvenes y emocionantes como Donovan y DaMarcus Beasley.

Donovan cimentó su leyenda en el Mundial de 2002. Se esperaba poco de la selección estadounidense, pero eso cambió cuando el equipo sorprendió a Portugal en su primer partido del torneo. Estados Unidos ganaba 1-0 a los 29 minutos, cuando el arquero portugués empujó a su propia portería un centro de Donovan, lo que le dio al equipo norteamericano una ventaja de 2-0. Donovan levantó los brazos, sorprendido; ni siquiera él esperaba que ese balón entrara. Estados Unidos ganó el partido 3-2.

En el resto de la fase de grupos la selección estadounidense empató con el local, Corea del Sur, y cayó ante Polonia. Pero sus esfuerzos en la primera ronda bastaron para que el equipo avanzara a la etapa de eliminación directa, donde enfrentarían a su gran rival, México.

En ese partido, Donovan anotó al minuto 65 tras cabecear un centro perfecto de Eddie Lewis, dándole a su equipo una ventaja de 2-0. Con esa victoria, Estados Unidos avanzó a los cuartos de final por primera vez en la era moderna. Aquel mágico torneo concluyó con una ajustada derrota, 1-0, frente a Alemania.

Cuando Donovan volvió a Estados Unidos, lo recibieron como héroe. De inmediato se convirtió en la nueva cara de la MLS. Al año siguiente llevó a los Earthquakes a un segundo título.

Por fin Estados Unidos había encontrado a su gran estrella del fútbol masculino.

Pero, casi tan pronto como llegó, tuvo que partir; en 2004 la MLS perdió a Donovan cuando este tuvo que volver con el Bayer Leverkusen. Una vez más, fue infeliz ahí. Jugó en siete partidos, pero solo fue titular en dos y su desempeño no fue bueno. Empezó a hacerse la fama de que solo podía jugar bien cuando estaba cómodo y tranquilo.

Donovan solicitó de nuevo volver a la MLS, pero no podía volver a los Earthquakes, pues el equipo ya había cedido sus derechos. En una jugada genial para llevar a la estrella más grande al mercado de Los Ángeles, el club Galaxy se hizo de sus derechos. Donovan fue feliz otra vez. Disfrutaba estar de vuelta en el sur de California, cerca de la playa. Firmó un contrato multianual con el Galaxy, volvió a convertirse en el rostro de la MLS y ganó su tercer título de liga en 2005.

Gracias a su alto perfil, las expectativas para la selección estadounidense en la Copa del Mundo de 2006 eran muy altas. Pero el equipo quedó eliminado en la fase de grupos sin haber ganado un solo partido. Donovan, a los 24 años, en la cumbre de su carrera, no anotó goles ni dio asistencias, lo que le valió críticas en su país y burlas en Alemania.

Donovan siguió jugando con el Galaxy, durante una época en la que el equipo también sumó a sus filas a la superestrella inglesa David Beckham. Esto creó una incómoda situación en la que Donovan con frecuencia se sentía desplazado al segundo lugar en una competencia de dos jugadores.

Con la edad, volvió a tener interés por jugar en Europa. A fines de 2008 estuvo varias semanas de préstamo con el Bayern de Múnich. En 2010 jugó cedido con el Everton, pero, aunque el equipo inglés buscó mantenerlo ahí, el Galaxy se negó.

En el seleccionado nacional, Donovan superó a Eric Wynalda en la tabla de goleadores históricos en 2008. Anotó el tiro libre que le dio a Estados Unidos la victoria sobre Honduras y un lugar en la Copa del Mundo de 2010 en Sudáfrica.

En Sudáfrica Donovan silenció a sus críticos, mostrando su mejor nivel en el escenario futbolístico más grande del mundo y jugando cada minuto de cada partido. Anotó en el segundo partido, frente a Eslovenia, que ayudó a su equipo a remontar una desventaja de 0-2 y conseguir un empate. Y, en una de las jugadas más dramáticas de todos los tiempos, su gol en tiempo de compensación le dio una victoria a Estados Unidos frente a Argelia y un lugar en octavos de final.

Mientras se escurrían los últimos segundos del partido frente a Argelia, el arquero Tim Howard lanzó el balón tan lejos como pudo; Donovan —a toda velocidad por la banda derecha— lo tomó ágilmente y se enfiló hacia el arco. Buscó a su compañero Jozy Altidore, quien sacó un centro para Clint Dempsey, quien a su vez intentó rematar, pero el portero atajó el disparo. Donovan —quien seguía corriendo a máxima velocidad— encontró el rebote y lo envió al fondo de la red. Donovan se deslizó bocabajo por el campo para celebrar, y en incontables hogares a lo largo y ancho de su país las celebraciones fueron igualmente alocadas.

Es en gran parte gracias al impacto de Donovan, desde que se sumó a la selección nacional, que el conocimiento y el interés del público estadounidense por el fútbol han crecido a pasos agigantados.

A pesar de que la selección perdió ante Ghana en octavos de final, Donovan anotó de penal, lo que dejó su total de anotaciones en copas del mundo en cinco. En aquel momento, era la mayor cantidad en la historia para un jugador de la CONCACAF (la Confederación de Norteamérica, Centroamérica y el Caribe de Fútbol).

Cuando la emoción del Mundial se desvaneció, Donovan volvió a Los Ángeles. Ganó tres Copas de la MLS más con el Galaxy, bajo la dirección de su exentrenador nacional, Bruce Arena. Luego fue cedido al Everton en 2011, pero no se quedó ahí.

En más de una ocasión Donovan expresó su deseo de descansar del fútbol, a causa de su fatiga física y emocional. Se tomó un año sabático en 2013 y se perdió tres partidos clasificatorios para la Copa del Mundo, lo que provocó un cisma con el nuevo entrenador nacional, Jürgen Klinsmann, quien después lo dejaría fuera de la convocatoria. La relación entre ambos era tensa. Pero Donovan volvió más tarde ese año para ayudar a su país a conquistar la Copa de Oro y a clasificarse al Mundial de 2014 con una victoria sobre México. Donovan anotó un gol y dio una asistencia en ese partido.

Cuando Estados Unidos comenzó su concentración premundialista, Donovan era parte del grupo; con 32 años, le aportaba su veteranía al equipo. Sin embargo, de forma inesperada, Klinsmann lo dejó fuera de la convocatoria definitiva, en una decisión que atrajo fuertes críticas. Aunque Donovan ya era mayor y su estado de ánimo podía ser cuestionable, era el mejor jugador en la historia de la selección nacional, y una experimentada mano veterana que podría haberle venido bien al equipo estadounidense en Brasil. Durante la Copa del Mundo, el equipo de Estados Unidos volvió a quedar eliminado en octavos de final. Jamás sabremos si la presencia de Donovan habría marcado la diferencia.

Donovan se retiró de forma oficial de la selección nacional con un partido de despedida en octubre de 2014. Se retiró del Galaxy dos meses después, tras ganar su sexto título de la MLS, aunque salió brevemente del retiro en 2016. Terminó su carrera como el máximo anotador de la historia de la MLS y de la selección nacional, aunque Clint Dempsey empató su récord de 57 goles con el equipo de Estados Unidos en 2017.

Tras su carrera dentro del campo de juego, Donovan comenzó una nueva etapa como analista en Fox Sports, y ha estado intentando llevar una franquicia de la MLS a San Diego.

Fue el primer jugador del país en ser considerado de talla mundial, un hombre que en su adolescencia puso al fútbol estadounidense en el mapa y siguió su brillante carrera hasta la adultez.

Él fue capaz de ver el panorama del deporte en toda su amplitud.

"Muchos estamos en esto no solo para jugar fútbol", dijo una vez. "Tenemos un propósito más grande, darle continuidad a las cosas para la próxima generación".

Donovan cumplió su propósito. Pero, hasta la fecha, nadie de esa nueva generación lo ha superado. Aún no.

ESTADÍSTICAS:

Posición: mediocampista/delantero

Partidos con la selección nacional de Estados Unidos: 157

Goles para Estados Unidos: 57

Partidos con clubes profesionales: 398

Goles para clubes profesionales: 156

TIM HOWARD

Para toda una generación de aficionados estadounidenses, ver a Tim Howard en la portería era como tener una frazada reconfortante. Su constante y confiable presencia te hacía sentir seguro y a salvo.

Howard, quien comenzó a jugar con la selección nacional a los 22, seguía firme en su puesto a los 38 años, cuando Estados Unidos participó en las eliminatorias para el Copa del Mundo de 2018. Por desgracia, él estaba en el arco cuando su país perdió frente a Trinidad y Tobago en el último partido de la eliminatoria, lo que significó que Howard no jugaría un cuarto Mundial. Durante su larga carrera, en la que jugó tanto para su país como en la Premier League inglesa, se erigió como uno de los mejores porteros de su época.

En los días de Howard, los hinchas estadounidenses comenzaron a cantar "I Believe That We Will Win"

("Creo que vamos a ganar"). Y una gran parte de esa creencia venía de la imponente figura del arquero de la selección nacional.

"Es alguien que le da muchísimo al grupo", dijo su compañero de muchos años Michael Bradley. "Miras hacia atrás y ves a alguien que emana confianza. Siempre encuentra la manera de levantar al grupo".

Howard creció en Nueva Jersey, en un apartamento con su madre soltera y su hermano mayor. Los padres de su mamá, inmigrantes húngaros que habían escapado del comunismo en 1956, vivían cerca y le contaban historias sobre cómo habían llegado a Estados Unidos sin nada, y trabajado mucho hasta construirse una buena vida en su nuevo país. Esas historias inspiraron a Howard.

Tim practicó varios deportes mientras crecía, pero la velocidad y la fluidez del fútbol lo atraparon. Como era alto y valiente, sus entrenadores lo colocaron en la portería. Aunque en un principio no le agradó la idea de jugar en esa posición, era muy bueno.

Cuando Howard tenía diez años, comenzó a presentar síntomas: tics, espasmos faciales, carraspeos constantes y una compulsión por tocar objetos. Al poco tiempo, le diagnosticaron Síndrome de Tourettes (ST), una forma de trastorno obsesivo compulsivo (TOC). Su afección lo volvió muy inseguro, lo cual de por sí es difícil a una edad en la que los chicos ya son muy inseguros por muchas otras razones.

Howard tuvo problemas en la escuela, pero encontró una salida en el fútbol, donde pudo sobresalir y concentrarse por completo en una sola tarea: detener el balón. De cierta forma, si bien su trastorno era un obstáculo para la vida cotidiana, le daba una "percepción elevada" en el campo, como él mismo reveló en su autobiografía, *The Keeper*.

"De cierta forma podía ver cosas, cosas que las demás personas no parecían ver", escribe Howard en el libro. "Podía ver, por ejemplo, cuando un partido estaba por cambiar, podía percibir los patrones de ataque antes de que ocurrieran. Sabía a la perfección cuándo el extremo iba a centrar el balón y a la cabeza de quién iría. Podía ver el movimiento en los ojos de un delantero antes de que girara".

Al mismo tiempo que se enteró de que tenía ST, contactó a un entrenador de porteros, Tim Mulqueen —apodado "Coach Mulch"—, a quien Howard señala como la persona que le enseñó no solo sobre la portería, sino también sobre liderazgo.

Howard jugó en posiciones de campo en el equipo de su escuela, además de practicar básquetbol. Pero, conforme ascendía en las categorías de fútbol juvenil, siempre lo hacía como arquero, gracias a lo cual terminó por ganarse un lugar en el Programa de Desarrollo Olímpico, lo que le abrió el camino hacia las selecciones nacionales menores, como el equipo Sub-15.

Cuando Howard tenía quince años, la Copa del Mundo de 1994 se disputó en Estados Unidos. Esto hizo que su pasión por el fútbol se volviera tangible, pues pudo ver a las más grandes estrellas en acción y analizar a sus equipos. Su equipo juvenil asistió a un partido de ese mundial, entre Estados Unidos y Colombia, en California. Howard observó al arquero estadounidense, Tony Meola, y soñó con estar en el campo.

Fue un augurio de lo que vendría: Howard y algunos de sus compañeros de las selecciones menores, como Carlos Bocanegra, se convertirían en las futuras estrellas de la selección nacional estadounidense.

Antes de que Howard se graduara de la secundaria, recibió una oferta para jugar fútbol profesional con un equipo llamado Los Imperiales de Nueva Jersey, una especie de equipo filial de los MetroStars de Nueva York / Nueva Jersey. El entrenador Mulqueen había sido contratado para entrenar a los porteros de los MetroStars, e incorporó a Howard al club. Howard decidió convertirse en jugador profesional en lugar de ir a la universidad para seguir estudiando.

"Fue un salto de fe", escribió en su autobiografía.

Sus esfuerzos dieron frutos. En menos de un año llegó a la plantilla del MetroStars como suplente de Meola, el arquero a quien había visto jugar en la Copa del Mundo de 1994. Tuvo su primera titularidad en agosto de 1998, en un partido en el que tuvo cinco atajadas que llevaron a su equipo a una victoria de 4-1. Para 2001, Howard ya era el arquero titular del MetroStars. También había representado a Estados Unidos en la Copa del Mundo Sub-20 de la FIFA de 1999 y los Juegos Panamericanos de 1999, y fue arquero suplente en los Juegos Olímpicos de Sídney del año 2000.

Howard habló abiertamente sobre su ST y recibió el premio al Humanitario del Año, así como el galardón al Portero del Año.

En un principio, mucha gente no comprendía la enfermedad de Howard, lo que le causó mucha vergüenza. Los aficionados no comprendían cómo se comunicaba con sus compañeros. Pero Howard se convirtió en un líder con voz poderosa, que ordenaba a su defensa y comandaba la organización de sus equipos. No fue fácil cambiar la percepción pública de su ST, pero con el tiempo la gente comprendió que su talento hablaba por sí mismo, y eso desmintió los mitos y supersticiones que existían en torno a su afección.

Howard siempre había soñado con jugar en Europa, desde que era pequeño. Un día recibió una llamada con una oferta del Manchester United. Pocos estadounidenses habían tenido la oportunidad de jugar en grandes clubes, y mucho menos en el más famoso de todos. El United pagó $4 millones de dólares para fichar a Howard durante la temporada 2003, en la que reemplazó al arquero francés Fabien Barthez. Le tomó tiempo obtener la visa de trabajo, pero finalmente Howard llegó a Manchester.

Bajo los reflectores de las grandes ligas, Howard jugó bien y tuvo que acostumbrarse a la fama, pues la gente solía acercársele en los restaurantes o seguirlo por el supermercado. Sin embargo, cometió un error crítico en marzo de 2004 que llevó a la eliminación de su equipo de la Champions League. El error pareció destrozar la confianza que el entrenador, Sir Alex Ferguson, le tenía, así como las habilidades del mismo Howard, que siguió cometiendo errores y pronto fue reemplazado en el arco por Roy Carroll. Pasaron toda la temporada luchando por el puesto. Al final, el equipo sumó a otro portero, Edwin van der Sar, quien se convertiría en el titular, con Howard como su suplente.

Howard intentó aprender cuanto pudo de aquel arquero más experimentado. Tras una temporada como suplente en Manchester, fue cedido al Everton. Howard se sintió cómodo de inmediato en el club de Liverpool, y firmó un contrato permanente con Everton en 2007. Prosperó durante los siguientes años, rompiendo el récord de porterías a cero del club en la temporada 2008-2009. Tuvo un momento de redención al detenerle dos penales al Manchester United y eliminar a su antiguo equipo en la semifinal de la copa FA Cup para llevar al Everton a la final, donde caerían ante el Chelsea.

Para entonces, el de Howard era un nombre habitual en las convocatorias de la selección nacional. Aunque fue suplente de Kasey Keller en el Mundial de 2006, para cuando llegó la Copa Confederaciones de 2009 ya era el titular del equipo estadounidense. En ese torneo, los norteamericanos —traes caer ante Italia y Brasil—

derrotaron al equipo número uno del mundo, España. Howard fue esencial para aquella victoria, al contener el ataque español y no permitirles anotar.

Howard también fue el arquero titular durante la Copa del Mundo de 2010 en Sudáfrica. El equipo estadounidense tuvo un difícil debut ante Inglaterra. Howard se lesionó al inició del partido, pero siguió jugando. El encuentro terminó con un empate 1-1, y Howard obtuvo el reconocimiento al Jugador del Partido por su esfuerzo. El siguiente encuentro, frente a Eslovenia, culminó en un empate 2-2. En el partido final de la fase de grupos, contra Argelia, en el tiempo extra Howard lanzó un largo pase hacia el frente que recibió Landon Donovan, quien subió por el campo hasta que el balón terminó en el fondo de la red tras un rebote. El gol llevó al equipo a los octavos de final, donde Estados Unidos cayó ante Ghana por 2-1.

En los años siguientes, Howard siguió representando a su país. En 2011 el equipo dejó de estar bajo la dirección técnica de Bob Bradley y pasó a manos de Jürgen Klinsmann. Klinsmann hizo muchos cambios en el equipo —incluyendo la exclusión del amigo de Howard, Landon Donovan—, pero mantuvo a Howard en el arco, e incluso contrató a quien fue su entrenador de porteros en el Everton, Chris Woods.

Para la Copa del Mundo de 2014, el sorteo colocó a Estados Unidos en el "grupo de la muerte", con Ghana, Portugal y Alemania, y su paso por el campeonato incluiría casi 13,000 kilómetros de viaje por el interior de Brasil. Vencieron a Ghana, empataron 2-2 con Portugal y cayeron 1-0 ante Alemania, que posteriormente ganaría ese mundial. Pero lograron avanzar a octavos de final, donde se enfrentaron a uno de los favoritos del torneo, Bélgica.

En ese partido Howard tuvo su mejor momento, atajada tras atajada, mientras los talentosos jugadores belgas le disparaban a mansalva. El partido se fue a tiempo extra sin anotaciones, pero en los primeros quince minutos Bélgica anotó dos veces. En la segunda mitad del tiempo extra, el jugador estadounidense Julian Green, un suplente de dieciocho años, anotó durante sus primeros minutos en una Copa del Mundo. Sin embargo, la selección de Estados Unidos no logró anotar un segundo gol y quedaron eliminados.

Howard estableció un récord de copas del mundo con quince atajadas en un solo partido. El encuentro dio pie a la creación de miles de memes sobre "Cosas que Tim Howard podría salvar", incluyendo el Titanic, a un nadador en la película *Tiburón* y a Ned Stark en *Juego de Tronos*.

En los años siguientes, Howard se convirtió en la cara de la selección nacional de Estados Unidos. Pero hacia el final de su carrera comenzó a batallar con las lesiones, incluyendo la fractura de dos vértebras. Una lesión en la rodilla complicó su estancia en el Everton, por lo que volvió a la MLS para jugar con el Colorado Rapids. Tras su último partido con el Everton, dio un emotivo discurso.

"Seré del Everton toda la vida", dijo. "Este siempre será mi equipo, mi club".

A finales de 2016, Howard sufrió una lesión en la ingle mientras jugaba con Colorado Rapids. Aunque intentó ayudar a su selección nacional en las eliminatorias para la Copa del Mundo de 2018, el equipo no tuvo éxito. Tras dicho esfuerzo, la carrera de Howard con la selección de Estados Unidos llegó a su fin.

Siguió jugando en el Colorado Rapids, pero se retiró tras la campaña de 2019.

Los aficionados a la selección estadounidense

nunca han tenido una victoria garantizada, pero cuando Howard estaba bajo los tres palos siempre creyeron que podían ganar.

ESTADÍSTICAS:

Posición: portero

Partidos con la selección nacional de Estados Unidos: 121

Porterías a cero con Estados Unidos: 42

Partidos con clubes profesionales: 584

Porterías a cero con clubes profesionales: 170

JOE GAETJENS

E l gol más sorprendente en la historia del fútbol de Estados Unidos no lo anotó un estadounidense. Sin embargo, Joe Gaetjens sí tenía puesta la camiseta de ese país cuando anotó el único gol en el partido de la Copa del Mundo de 1950 que le permitió al equipo estadounidense derrotar 1-0 a Inglaterra.

Por eso, él está en nuestra alineación titular.

La historia de Gaetjens está llena del tipo de peculiaridades y misterios que hacen que el fútbol sea tan fascinante: un haitiano, que bien pudo haber sido alemán, que en cambio jugó para Estados Unidos y eliminó al favorito del Mundial, que se hizo famoso y luego fue asesinado en su país natal.

El momento culminante de Gaetjens ocurrió en 1950, durante la Copa del Mundo en Brasil. Era el cuarto Mundial que se disputaba, y el primero desde 1938, pues el certamen se había suspendido debido a la guerra. Fue la primera vez que Inglaterra participaba, pues apenas se había reincorporado a la FIFA tras una disputa. Por ende, Inglaterra era una de las selecciones favoritas para ganar el torneo.

Nadie esperaba que el equipo de Estados Unidos lograra nada. No había ligas exitosas en Estados Unidos y —tras ser apaleados por México en el proceso eliminatorio y en los Juegos Olímpicos de 1948— el equipo tenía problemas para encontrar mejores jugadores. En 1948 la selección nacional era muy distinta a como es hoy, pues ahora todos los jugadores son futbolistas a tiempo completo. En cambio, los jugadores de aquel equipo de 1948 tenían trabajos no relacionados con el fútbol; algunos eran maestros y otros camioneros. A Gaetjens lo incluyeron en el equipo a último momento, por lo que no estaba familiarizado con sus compañeros.

No obstante, su historia era fascinante. Gaetjens nació en 1924 en Puerto Príncipe, Haití, en una familia acomodada. Su bisabuelo era un alemán que emigró al Caribe como delegado comercial del rey de Prusia en el siglo XIX. Cuando Joe nació, su padre registró su acta de nacimiento en la embajada alemana en Haití, en caso de que el niño quisiera obtener la ciudadanía alemana en algún momento.

Joe jugó fútbol en Haití con el Etoile Haïtienne, club al que se unió a los catorce años. Ganó dos campeonatos haitianos con el club siendo adolescente, en 1942 y 1944. Pero no podía ganarse la vida jugando fútbol en Haití, por lo que su familia lo envió a la Universidad de Columbia, en Nueva York, para que estudiara contaduría.

Allí comenzó a jugar en el equipo Brookhattan de la American Soccer League (ASL). El equipo era propiedad de un hombre que también era dueño de un restaurante llamado Rudy's. La vida de los futbolistas profesionales era *muy* distinta en ese entonces. No había contratos multimillonarios ni enormes patrocinios. Los salarios que recibían por jugar fútbol no les alcanzaban para sobrevivir a muchos jugadores. De hecho, Gaetjens complementaba sus ingresos deportivos lavando platos en el restaurante.

Fue ahí que US Soccer lo encontró. Lideraba la ASL en la tabla de goleo y era un jugador atlético que daba acrobáticos cabezazos hacia la portería rival. Según las reglas de aquel entonces, un jugador extranjero podía representar a Estados Unidos siempre y cuando prometiera solicitar la ciudadanía del país. Gaetjens dijo que lo haría, así que se dirigió a Brasil con su nuevo equipo para competir en la Copa del Mundo de 1950.

Jugó los tres partidos para la selección de Estados Unidos. En el debut frente a España, los estadounidenses se pusieron a la cabeza al comienzo del partido, pero concedieron tres goles en los últimos nueve minutos.

Luego llegó el famoso partido en Belo Horizonte. Inglaterra tenía a los mejores jugadores y la mejor liga del mundo, así que eran los grandes favoritos. Las apuestas daban a los ingleses probabilidades de 3 a 1 para ganar el torneo, mientras que las del equipo estadounidense eran de más de 500 a 1, lo que significa que las casas de apuestas creían que era 150 veces más probable que Inglaterra fuera el campeón. Incluso el entrenador de Estados Unidos, Bill Jeffrey, se refirió a su equipo como "vacas en el matadero".

Sin embargo, los jugadores de Jeffrey no estaban listos para darse por vencidos.

"Confiábamos en que estábamos jugando mejor de lo que se esperaba de nosotros", dijo Walter Bahr, mediocampista del equipo, cuyos hijos —Chris y Matt— se convirtieron en pateadores en la NFL y ganaron anillos de Super Bowl. "El partido [contra España] fortaleció nuestra confianza".

Al enfrentarse con Inglaterra, los estadounidenses se sorprendieron de recibir apoyo en el estadio. Había una base militar cerca, por lo que unos cuantos compatriotas asistieron al encuentro. Y los brasileños también apoyaban al equipo estadounidense. A los aficionados locales les gustaba apoyar al equipo desfavorecido, y esperaban que alguien eliminara a Inglaterra para que Brasil no tuviera que enfrentarse a ellos en la final.

Conforme transcurría el partido, más y más aficionados se acercaban, quizá animados por la transmisión por radio y la inesperada emoción del juego.

En el minuto 37, Bahr disparó desde afuera del área. Parecía que el tiro sería una atajada sencilla para el arquero inglés, Bert Williams, pero —de la nada— Gaetjens se lanzó hacia el balón, peinándolo y cambiándole la trayectoria, y este entró a la portería.

Gaetjens no lo vio con sus propios ojos. Cayó al césped bocabajo. Los fotógrafos tampoco lo vieron. Estaban amontonados cerca del arco estadounidense, convencidos de que la acción se daría ahí, anticipando una goleada de los ingleses. Hay muy pocos registros del sorprendente gol. Los periodistas ingleses insistían en que había sido un error. Los compañeros de Gaetjens sostenían que había sido intencional y representativo de su estilo de juego.

Durante los 63 minutos siguientes, la frustración de los jugadores ingleses fue creciendo conforme el arquero norteamericano, Frank Borghi, los postes y el travesaño evitaban que consiguieran el gol de empate. Charlie Colombo, un defensor de St. Louis, Missouri, detuvo un ataque de Stan Mortensen, una de las estrellas de Inglaterra, en el minuto 82. El árbitro marcó un penal, pero Borghi atajó el disparo.

Cuando se consumó la victoria, Gaetjens salió en hombros de los aficionados extasiados. Algunos periódicos publicaron el puntaje al revés, con una victoria de 1-0 de los ingleses, pues los editores asumieron que algún operador se había equivocado al transcribir el resultado. Así de legendaria fue la sorpresa.

Inglaterra cayó después ante España y salió del torneo. Los estadounidenses también fueron eliminados tras perder ante Chile. Y los sueños de Brasil quedaron destrozados al perder frente a Uruguay en la final.

Sin embargo, pocas sorpresas fueron tan grandes como la victoria de Estados Unidos sobre Inglaterra.

"Me sentí mal por ellos", dijo Bahr. "Para nosotros fue una victoria e íbamos a recibir el reconocimiento. Pero ¿cómo iban a explicarlo ellos en casa?".

Aunque hubo quien exigió una investigación porque Gaetjens no era ciudadano estadounidense, él no era el único. Tres jugadores de aquella selección eran ciudadanos de otros países. FIFA realizó una investigación, pero esta no dio frutos, pues las reglas de aquel entonces permitían que los jugadores representaran a un país si firmaban un documento en el que prometían convertirse en ciudadanos.

Tras el Mundial, Gaetjens fue a Francia con la esperanza de aprovechar su fama. Firmó con el Racing Club de France, donde no permaneció mucho tiempo debido a una lesión de rodilla después de disputar solo cuatro partidos. De ahí pasó a jugar a una división inferior en Francia. Pero las lesiones de rodilla siguieron atormentándolo y volvió a Haití.

A pesar de que se había ido hacía seis años, una multitud lo recibió como a un gran héroe y lo paseó por las calles de la ciudad. Era famoso en casa y tuvo algunas oportunidades de negocios gracias a su calidad de estrella. Ya que nunca cumplió su promesa de convertirse en ciudadano estadounidense, estaba habilitado para jugar un partido clasificatorio para la Copa del Mundo con la selección de Haití en 1953. Pero ese fue su último partido.

Gaetjens se casó, tuvo tres hijos y comenzó una vida doméstica en Haití, donde se hizo cargo de una tintorería. Aunque no tenía afiliaciones políticas, su familia sí las tenía, y en las elecciones de 1957, en las que François Duvalier se convirtió en el nuevo presidente del país, quedaron del lado perdedor. Duvalier se convirtió en un dictador que se proclamó "presidente vitalicio" y ordenó la ejecución de quienes no lo apoyaran.

Aunque Gaetjens intentó mantenerse al margen —y quizá creyó que su estatus de celebridad lo salvaría—, fue arrestado en su tintorería y nunca más se supo de él. Se cree que fue ejecutado en julio de 1964.

Doce años más tarde, casi un cuarto de siglo después de que anotara el gol más sorprendente en la historia del fútbol norteamericano, Joe Gaetjens fue investido en el Salón de la Fama del Fútbol de EE.UU.

Nunca se convirtió en ciudadano estadounidense. Pero, como tantos otros que han emigrado a estas tierras, Gaetjens tuvo un impacto significativo y positivo en nuestra sociedad, y fue parte de uno de los momentos más improbables de nuestra historia.

ESTADÍSTICAS:

Posición: delantero

*Partidos con la selección nacional de Estados
    Unidos: 3*

Goles para Estados Unidos: 1

Partidos con el club Brookhattan: 64

Goles para Brookhattan: 42

*(También jugó con clubes profesionales en Haití
    y Francia, pero los registros estadísticos de
    esos años son escasos).*

CLAUDIO REYNA

Muchas de las primeras estrellas del fútbol estadounidense de las selecciones de los noventa fueron los primeros en sus familias en enamorarse de este deporte.

Los padres de muchos de los jugadores de aquella primera generación sabían poco o nada al respecto. Sus hijos jugaban fútbol juvenil, pero no era un deporte que conocieran, así que debían leer libros o preguntarles a otras personas —por lo general, a gente que había crecido en otros países— para aprender más.

Sin embargo, ese no fue el caso de Claudio Reyna. Él conoció el juego de la misma forma en que lo hacen muchos otros niños alrededor del mundo: imitando a su padre.

Reyna, quien se convertiría en una de las figuras más importantes del sistema futbolístico de Estados

Unidos, creció jugando fútbol con su padre, Miguel. Miguel Reyna nació en Argentina y jugó fútbol profesional con el club de primera división argentino Los Andes. Miguel y su esposa se mudaron después a Nueva Jersey, donde formaron una familia.

Reyna comenzó a jugar fútbol con su padre y hermano mayor cuando era muy pequeño. Cuando la familia iba a Argentina a pasar los veranos, jugaba fútbol ahí y desarrollaba habilidades e instintos que muchos de sus compañeros estadounidenses no tenían. Aprendió a jugar con un tacto innato, no solo como le enseñaban a jugar.

Landon Donovan dijo una vez que él aprendió a ser paciente observando a Reyna. "Siempre me enseñaron a correr, correr, correr. Ahora entiendo de ritmos, del flujo del juego, de cuándo hay que correr, cuándo no es necesario y cuándo debes quedarte donde estás. Claudio ha perfeccionado todo eso".

Reyna, un mediocampista creativo, siempre fue el mejor jugador de sus equipos. Durante los tres años que formó parte del equipo de la escuela St. Benedict's, en Nueva Jersey, el equipo se mantuvo invicto, con 65 partidos ganados y sin empates. La revista *Parade* dos veces nombró a Reyna mejor jugador de escuela secundaria del año, y también se lo nombró Jugador Gatorade del Año en 1991. Varias universidades buscaron reclutarlo, pero terminó por asistir a la Universidad de Virginia para jugar bajo las órdenes de Bruce Arena, quien sería después su entrenador en la selección nacional. En Virginia, Reyna ganó un campeonato nacional en cada uno de sus tres años y ganó el Trofeo Hermann al mejor jugador del país en 1993.

Reyna vistió la camiseta de la selección nacional de Estados Unidos en enero de 1994, a los veinte años. Ya había decidido dejar la universidad de Virginia al terminar esos tres años para concentrarse en la preparación para la Copa del Mundo y luego entrar al mundo del deporte profesional.

Reyna creció con una fotografía de Diego Armando Maradona y el equipo argentino campeón en 1986 en la pared de su habitación. No soñaba con jugar un Super Bowl o la Serie Mundial, sino con participar en una Copa del Mundo.

"Supongo que muchos niños en Estados Unidos no crecen soñando jugar un Mundial", dijo Reyna. "Yo sí, pero nunca soñé que se jugaría en mi país".

Y eso fue justo lo que ocurrió en 1994, meses después del debut de Reyna con su selección. Estados Unidos albergaría la Copa del Mundo y se esperaba que Reyna marcara la diferencia en su equipo.

Sin embargo, en junio, durante un entrenamiento, Reyna se lesionó el tendón de la corva. La lesión lo dejó fuera del Mundial. Era una señal de lo que vendría después.

Para entonces, su talento ya había atraído el interés de clubes de todo el planeta. Un mes después de la Copa del Mundo firmó un contrato con el Bayer Leverkusen de la Bundesliga alemana. Aunque permaneció tres años ahí, tuvo problemas para afianzarse en el equipo titular y fue cedido a otro club alemán, el Wolfsburgo. Ahí recibió muchos más minutos e incluso se convirtió en el capitán. En 1999 fue fichado por un equipo escocés, los Rangers de Glasgow, donde jugó dos temporadas.

Mientras su carrera en clubes comenzaba a despegar, la Copa del Mundo de 1998 llegó y Reyna al fin tuvo la oportunidad de jugar. La selección estadounidense jugó su primer partido frente a Alemania, un equipo con jugadores que Reyna conocía de sus años en la Bundesliga. Estados Unidos perdió ese partido y los siguientes dos, y no pasó de la fase de grupos, a pesar de tener un equipo más experimentado y talentoso que en 1994.

En el Mundial de 2002, Reyna se vio asediado por las lesiones otra vez —en esta ocasión, en el cuádriceps— y tuvo que mirar desde afuera la victoria de su equipo sobre Portugal en el debut. No obstante, volvió a la acción y jugó todos los minutos de los cuatro partidos restantes, formando parte de la alineación ideal del torneo.

"Todos reconocen el valor que le aporta a su equipo", dijo Bruce Arena, quien entonces ya era el entrenador de la selección nacional.

Reyna fue el capitán del equipo que asistió al Mundial de 2006, y gozaba del respeto de todos.

"Todos quieren a Claudio", dijo DaMarcus Beasley. "Es un tipo tranquilo y relajado fuera del campo. Dentro del campo, es nuestro mejor jugador a nivel técnico. Es tan elegante, tan despreocupado... parece como si no se esforzara, pero sí se esfuerza. Es muy tranquilo, relajado y agradable".

Para la Copa del Mundo de 2006 en Alemania, Reyna se encontraba jugando en el Manchester City, tras un periodo en el Sunderland. Las lesiones seguían recortándole los minutos en el campo y volvieron a acecharlo en el certamen mundial. Sufrió un esguince en la rodilla en el que sería el último partido de Estados Unidos, la derrota frente a Ghana. Al día siguiente, Reyna anunció su retiro de la selección nacional, a sus 31 años.

En 2007, Reyna fichó con el New York Red Bulls, su primer equipo en la MLS. Pero una vez más, debido a las lesiones, jugó solo unos pocos partidos. Se retiró en 2008.

Durante un tiempo se desempeñó como director técnico juvenil de US Soccer. En 2013 se convirtió en director deportivo del equipo de expansión de la MLS, el New York FC. Por desgracia, Reyna vivió una tragedia personal cuando su hijo Jack, el mayor de sus cuatro hijos, murió de cáncer a los trece años.

Cuando era niño, Reyna soñaba en grande mientras miraba la fotografía de Maradona que colgaba en su habitación. No llegó al nivel de Maradona, pero superó cualquier expectativa que la gente pudo haber tenido de un jugador estadounidense.

"Cuando llegué a mi primer Mundial, en 1994, me habría bastado con jugar solamente uno", dijo Reyna al retirarse de la selección nacional. "Haber estado en cuatro supera por mucho mis más grandes sueños. Jamás lo habría imaginado cuando era niño".

Reyna ayudó al fútbol estadounidense a crecer. Fue parte esencial del equipo nacional mientras este maduraba y se ganaba el respeto del mundo entero. Durante los años que estuvo en el sistema, el fútbol estadounidense pasó del número 23 al 8 en el ranking de la FIFA.

"Si miramos hacia adelante, al día en que al fin ganemos una Copa del Mundo", dijo Arena, "Claudio será recordado como uno de los más grandes y un pionero".

ESTADÍSTICAS:

Posición: mediocampista

Partidos con la selección nacional de Estados
Unidos: 112

Goles para Estados Unidos: 8

Partidos con clubes profesionales (seis
equipos): 282

Goles para clubes profesionales: 23

ERIC WYNALDA

En la década de los noventa, mientras Estados Unidos comenzaba a construir una tradición futbolística y una liga, se sumó a la selección nacional un grupo de jóvenes jugadores que se convertirían en las estrellas en ascenso de un deporte sobre el que el país apenas comenzaba a aprender.

Estaba Alexi Lalas, un extrovertido joven pelirrojo con barba y cabello alocados, que jugaba como defensor y tocaba la guitarra, y que se convertiría en el primer futbolista de Estados Unidos en jugar en la Serie A italiana. Y también Tony Meola, el rudo guardameta de Nueva Jersey que alguna vez intentó ser pateador en la NFL. Mientras tanto, Marcelo Balboa y su cola de caballo eran el ancla de la defensiva.

Todos se volvieron famosos en el país gracias a la Copa del Mundo de 1994 y el lanzamiento de la Major

League Soccer. Si embargo, el miembro más importante del grupo era Eric Wynalda.

Wynalda fue el primer goleador relevante de la selección nacional estadounidense en la era moderna. A la fecha, sigue ocupando el cuarto lugar en la lista de anotadores históricos, con 34 goles en 106 partidos entre 1990 y el año 2000.

Wynalda creció en el sur de California como cualquier otro de los millones de niños que corren sin rumbo en un campo de fútbol y comen gajos de naranja en el medio tiempo.

Wynalda, un chico hiperactivo a quien se le diagnosticó dislexia en la secundaria, tenía dificultades en la escuela y le costaba trabajo quedarse quieto. Era inteligente, divertido e ingenioso, pero no le interesaba mucho la escuela.

Sin embargo, cuando acompañó a su hermano mayor a un partido de fútbol a los cinco años, quedó fascinado y logró concentrarse en el juego, algo muy poco usual.

"Así que mis padres me compraron un balón", dijo Wynalda al respecto. "Y eso fue todo. Ese fue el fin".

De pronto, encontró una forma de liberar toda esa

energía. La usaba toda en el campo de juego, pateando el balón, intentando meterlo a la portería. El pediatra familiar les había aconsejado a sus padres que encontraran una actividad que le gustara a Wynalda y lo apoyaran, y eso hicieron. Recorrieron todo el sur de California para asistir a torneos, fueron a partidos de la NASL en el Coliseo de Los Ángeles, y veían cualquier partido —que no eran muchos en aquel entonces— que estuviera disponible en la televisión en los años previos a la existencia de la televisión por cable.

A los ocho años, Wynalda ya era una estrella en los reportajes de periódicos locales, tras anotar 56 goles en una temporada y llevar a su equipo a un campeonato estatal. Jugó después en clubes juveniles y con el equipo de su escuela secundaria, donde anotó 88 goles en tres temporadas.

Después de la secundaria, asistió a la Universidad Estatal de San Diego (SDSU). Ahí adquirió fama de ser un jugador difícil —él mismo se describió como "volátil e incontrolable" —, pues se mofaba de sus oponentes y no mostraba espíritu deportivo. A pesar de su actitud, Wynalda sobresalía en el campo, lo que le trajo más oportunidades después de la universidad. En su tercer año, se convirtió en profesional al aceptar $500 dólares para jugar un partido de exhibición en Brasil, con lo cual perdió el derecho a jugar su cuarto año en SDSU.

En ese mismo periodo, en 1990, Estados Unidos tuvo su primera aparición en copas del mundo desde 1950, y Wynalda fue el jugador más joven del plantel. No tuvo un gran debut, pues se ganó una tarjeta roja y salió expulsado tras darle un codazo a un jugador checoslovaco en una humillante derrota 5-1. Debido a la expulsión, estuvo suspendido para el siguiente partido frente a la selección anfitriona, Italia. Dado su carácter explosivo, esa no sería la última vez que su pasión le traería problemas. Años después, el nuevo entrenador de la selección nacional, Bora Milutinovic, lo expulsó del campamento de entrenamientos por darle un codazo a otro jugador.

A pesar de que Estados Unidos había vuelto a la escena internacional, en la época de Wynalda no había aún ligas profesionales estadounidenses relevantes. Dado que las opciones eran limitadas, jugó con los San Francisco Bay Blackhawks de la American Professional Soccer League, pero duró poco tiempo ahí. Su entrenador, Laurie Calloway, afirmó que a Wynalda le faltaba compromiso.

Sin embargo, su despido de los Blackhawks resultó ser una bendición para él. En 1992 US Soccer lo prestó al FC Saarbrücken de Alemania, con lo que Wynalda se convirtió en uno de los primeros estadounidenses en jugar en la Bundesliga.

Aunque los aficionados alemanes no estaban muy convencidos de Wynalda, anotó nueve goles en sus primeros diez partidos. Dadas sus raíces californianas, los hinchas lo llamaban "Beach Boy" y coreaban su nombre. Los tabloides estaban llenos de historias sobre él.

Cuando la Copa del Mundo llegó a Estados Unidos, los jugadores de la selección nacional comenzaron a ser más reconocidos en casa. A pesar de su pasado problemático, Wynalda era una pieza clave del equipo, y su experiencia en Alemania parecía haberle ayudado a madurar.

En el primer partido de la selección —en Detroit, frente a Suiza— Wynalda anotó un espectacular gol de tiro libre para empatar el partido 1-1. Ese gol puso a Estados Unidos en posición para avanzar a la siguiente ronda, cosa que lograron tras una sorprendente victoria sobre Colombia.

En el partido de octavos de final ante Brasil, el 4 de julio, los estadounidenses batallaron, pero terminaron cayendo 1-0 ante el equipo que sería el ganador del torneo.

Después del éxito del Mundial de 1994, fue evidente que el hambre de Estados Unidos por el fútbol iba en aumento. Era momento de crear una liga profesional seria en el país. Wynalda, como las demás estrellas de la selección de 1994, fue uno de los jugadores clave para el lanzamiento de la Major League Soccer en 1996. Fue el primer jugador franquicia del San José Clash, que se convertiría después en el San José Earthquakes. El 6 de abril de 1996 Wynalda anotó el gol inaugural de la nueva liga en el minuto 88 frente al DC United.

Ya que el fútbol era algo nuevo, resultaba preocupante que un empate 0-0 en el primer partido fuera decepcionante para el público estadounidense, que aún estaba aprendiendo sobre el deporte. El gol de Wynalda ayudó a evitar ese penoso resultado. Y ese fue el comienzo de la que sería una excelente temporada para él, en la que terminaría con el premio al Atleta del Año de US Soccer en sus manos.

El primer entrenador de Wynalda en el Clash, Laurie Calloway, fue el mismo que lo expulsó de los Blackhawks. Su relación era turbulenta y Wynalda

—quien exigía ser transferido a otro equipo y criticaba las decisiones técnicas— ganó la batalla: el equipo despidió a Galloway.

"No soy un buen político", dijo Wynalda. "Si me haces una pregunta, te daré una respuesta honesta".

La honestidad —no suya, sino la de un compañero— le trajo problemas en la Copa del Mundo de 1988. El equipo de Estados Unidos había clasificado para el Mundial de Francia cuando al capitán, John Harkes, lo apartaron del equipo de forma inesperada durante la preparación para el torneo. Años después se supo que había mantenido una relación inapropiada con la esposa de Wynalda, quien después se divorciaría de ella. Aquellos sucesos parecieron destrozar a la selección norteamericana, cuyo desempeño en el campeonato fue desastroso y los llevó a ocupar el último lugar de los 32 equipos.

A pesar del vergonzoso resultado en la Copa del Mundo, Wynalda siguió cosechando éxitos en la MLS. Sin embargo, tras tres temporadas con el San José Clash, fue cedido a un club mexicano, pero se lesionó. Volvió entonces a la MLS, donde fichó con el Miami Fusion. Jugó con otros dos equipos de la MLS y terminó su carrera en otra liga profesional en Estados Unidos, la primera división de la United Soccer League, antes de retirarse.

En 2004 Wynalda fue investido en el Salón de la Fama del Fútbol Nacional. Trabajó como entrenador y director técnico de varios equipos de divisiones inferiores. Uno de esos equipos, el Cal FC, llegó hasta la cuarta ronda de la US Open Cup 2012 de la mano de Wynalda.

También usó su ingenio veloz y honestidad en los medios, primero con ESPN y luego en Fox Sports. Solía usar feroces palabras para criticar a la selección nacional durante las copas del mundo y los juegos clasificatorios.

Wynalda nunca ha tenido miedo de decir lo que piensa, sobre todo cuando se trata del legado que él ayudó a crear.

ESTADÍSTICAS:

Posición: delantero

Partidos con la selección nacional de Estados Unidos: 106

Goles para Estados Unidos: 34

Partidos con clubes profesionales: 220

Goles para clubes profesionales: 64

CLINT DEMPSEY

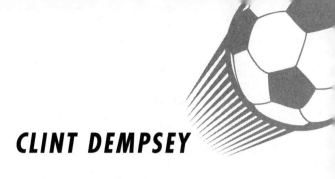

Clint Dempsey, uno de los más grandes jugadores en la historia de Estados Unidos, es justo el tipo de atleta que el público de su país adora: resistente, exitoso, valiente.

Aunque Dempsey triunfó en Europa, siempre mantuvo una cualidad muy estadounidense. Creció en la aridez de un pueblo tejano donde aprendió a jugar fútbol en ligas para adultos. De hecho, es el ejemplo perfecto del estilo animoso y atrevido de los estadounidenses.

"Clint intenta [cosas]", dijo alguna vez su entrenador Bruce Arena sobre él.

Dempsey no estaba destinado a ser una estrella, ni se le consideraba la gran esperanza estadounidense. Pero se convirtió en uno de los más grandes goleadores en la historia del país y uno de los mejores jugadores que haya salido de Estados Unidos.

Dempsey creció en Nacogdoches, un pueblo en el este de Texas con una población de 30,000 personas. Pasó buena parte de su infancia viviendo en una casa rodante en el jardín trasero de sus abuelos. Aprendió a jugar fútbol con su hermano Ryan, que era cinco años mayor. Jugaban en el vecindario, a veces en campos de tierra, con muchos de los niños locales que eran hijos de inmigrantes latinos. Veían en la televisión tanto fútbol como podían, por lo regular en transmisiones en español. Cuando era adolescente, Dempsey jugó en ligas hispanas para adultos, con exjugadores profesionales o semiprofesionales.

"Cuando juegas con hombres, tienes que aprender de prisa", dijo Dempsey. "Nadas o te hundes. Eso me obligó a desarrollarme".

Y también le enseñó un estilo de juego efectivo: "Mantener el balón y hacer que el otro equipo se esfuerce. Así era aquella liga hispana".

Desde el quinto grado, Dempsey comenzó a hacer el viaje de seis horas de ida y vuelta a Dallas tres veces a la semana para jugar con un equipo juvenil de élite en aquella ciudad. Para que Clint pudiera jugar, su familia vendió su bote y dejó de hacer compras grandes y de tomar vacaciones. Sin embargo, en 1995 su hermana mayor comenzó a destacarse como tenista, así que la familia tomó la decisión de distribuir algunos de los recursos destinados a la carrera futbolística de Clint a la tenística de Jennifer. Por desgracia, ese mismo año, con tan solo dieciséis años, Jennifer murió trágicamente de un aneurisma cerebral.

"Cuando ocurre algo así, tu perspectiva cambia", dijo Ryan Dempsey, hermano de Clint. "Clint entrenaba el doble, se esforzaba el doble. Se lo dedicaba todo a ella".

Dempsey jugó para su club en Texas, pero recibió pocas ofertas para jugar a nivel universitario. Al final obtuvo una beca parcial para jugar en Furman, una pequeña universidad privada en Carolina del Sur. Jugó ahí entre 2001 y 2004. Durante sus tres temporadas en la universidad llevó a Furnam al torneo de la NCAA dos veces. Fue ahí que obtuvo su apodo, "Deuce", que también usaría como su nombre de rapero cuando hacía música. De hecho, junto a los raperos XO y Big Hawk, Dempsey es parte de la canción "Don't Tread" en un anuncio de Nike para la Copa del Mundo de 2006.

Mientras estaba en Furman, la selección de Estados Unidos tuvo su mejor Mundial, en 2002. Dempsey estaba intrigado; la joven estrella del equipo, Landon Donovan, era solo un año mayor que él.

"Yo no estaba ni cerca del seleccionado nacional en ese entonces", dijo. "Era un aficionado, como todos los demás".

Dempsey había jugado en el Programa de Desarrollo Olímpico regional, pero no fue parte de las selecciones nacionales hasta que lo convocaron para la Copa del Mundo Sub-20 de 2003. Se había forjado un carácter resistente al ser pasado por alto tantas veces y tener que crear sus propias oportunidades. Debutó con la selección mayor en 2004, en un partido clasificatorio para la Copa del Mundo frente a Jamaica. Jugó su primer Mundial en 2006 y fue el único jugador estadounidense en anotar un gol en el torneo.

Para entonces, Dempsey ya había sido seleccionado para jugar en la MLS. Daba señales de ser un futbolista libre y creativo, que podía retrasarse para distribuir el balón o jugar en la zona de ataque, beneficiándose de jugadas rotas o de un robo de balón.

Cuando fue seleccionado en el draft de 2004, a Dempsey lo opacó la primera selección, Freddy Adu, quien se suponía sería el salvador del fútbol estadounidense. El equipo de su ciudad, Dallas, lo pasó por alto dos veces, con la sexta y la séptima selección. Al fin, con la octava selección, el jugador que en realidad era el futuro del fútbol de Estados Unidos fichó con el New England Revolution. En tres temporadas con el equipo, Dempsey jugó en 71 partidos. Fue el Novato del Año de 2004 y anotó el gol de la victoria en las semifinales de 2005 que llevó al Revolution a la final de la MLS Cup.

En 2006, las grandes ligas llamaron a su puerta. El equipo inglés Fulham le ofreció $4 millones de dólares a la MLS por Dempsey, una cifra récord para un jugador de la liga estadounidense en aquel entonces. Dempsey pasó cinco temporadas y media con el Fulham y se convirtió en el jugador estadounidense con más goles en la Premier League, por encima de Brian McBride, quien también jugó en aquel equipo. En su primer año ahí, el gol que le anotó al Liverpool en las últimas jornadas de la temporada salvó al Fulham del descenso. Dempsey se convertiría también en el máximo anotador histórico del equipo.

Dempsey se volvió cada vez más importante para el destino del fútbol estadounidense. Fue un jugador clave en el ciclo mundialista de 2010. En la Copa Confederaciones de 2009 anotó en la sorpresiva victoria 2-0 frente a España, y también marcó frente a Brasil.

Recibió el Balón de Bronce al tercer mejor jugador del torneo.

En la Copa del Mundo de Sudáfrica de 2010, Dempsey anotó ante Inglaterra, un débil disparo que el arquero inglés no calculó bien. Parecía haber anotado frente a Argelia, pero como parte de una decisión controversial la jugada fue marcada como fuera de juego (*offside*), a pesar de que las repeticiones mostraban lo contrario.

En su estadía con la selección nacional, Dempsey formó un lazo particular con Landon Donovan, y su química dentro del campo era evidente. Sin embargo, Donovan fue relegado del equipo para el Mundial de 2014. En el primer partido del torneo, Jozy Altidore se lesionó. Con dos de las grandes estrellas fuera, era el momento de que Dempsey se echara el equipo al hombro. Toda la responsabilidad goleadora del equipo recayó sobre él.

Y no decepcionó bajo presión.

Con la cinta de capitán en el brazo, anotó a los 29 segundos del inicio del partido ante Ghana, el gol más rápido en la historia de Estados Unidos en mundiales. Al marcar ese gol, Dempsey se convirtió también en el primer jugador estadounidense en anotar en tres copas del mundo. También anotó en el empate de su equipo frente a Portugal.

Dempsey era un jugador creativo y fascinante, que rompía el molde del jugador estadounidense un poco predecible. Pero también era impredecible de otras formas: a veces peleaba con sus rivales y una vez destrozó la libreta de un árbitro —un incidente que le valió una suspensión de dos años de la US Open Cup—, además de que recibió algunas tarjetas rojas.

En 2012, el líder anotador histórico del Fulham firmó un contrato con Tottenham Hotspur. La transferencia, de $9.5 millones de dólares, lo convirtió en el jugador estadounidense mejor pagado de la historia. En su única temporada ahí, anotó siete goles.

En 2013, tras siete años en Europa, Dempsey decidió que estaba listo para volver a casa. Firmó un contrato gigantesco con los Seattle Sounders. Aunque volvió brevemente al Fulham en préstamo, Dempsey se asentó en la MLS en preparación para la Copa del Mundo de 2014.

En 2016, a Dempsey le diagnosticaron una arritmia cardíaca que terminó con su temporada en Seattle y lo apartó de la selección nacional mientras el equipo intentaba clasificarse para la Copa del Mundo de 2018.

Era preocupante pensar que podría no continuar con su brillante carrera.

Pero, con su fortaleza de siempre, volvió. Durante su ausencia de nueve meses de la selección nacional, Bruce Arena —quien convocó a Dempsey al equipo nacional por primera vez en 2004— reemplazó al entrenador Jügen Klinsmann. Estados Unidos estaba en el último lugar de su grupo eliminatorio. En su primer partido de vuelta, contra Honduras en marzo de 2017, Arena le preguntó a Dempsey cuántos minutos podría jugar, y Dempsey respondió que todos los que fueran necesarios.

Anotó un triplete.

"Soy un luchador", dijo. "Busqué la oportunidad de demostrar que podía seguir jugando".

Después del partido, reconoció la emoción que sintió en ese momento.

"Estás agradecido por cada partido que puedes jugar porque nunca sabes cuándo te lo van a quitar", dijo. "Siempre existe la posibilidad de que no puedas volver a un nivel alto".

Unos meses después, en la final de la Copa de Oro, Dempsey anotó el gol que lo empató con Landon Donovan como el goleador histórico de la selección nacional.

Y estuvo cerca de marcar en la derrota que eliminaría a Estados Unidos de la Copa del Mundo. Pero no lo logró, y terminó su carrera empatado en el primer lugar de la tabla de goleadores históricos. Luego de eso, se retiró del fútbol en 2018.

Fue la estrella que nadie esperaba que fuera, un niño de un pueblito de Texas que conquistó la Premier League, el sorprendente y recio fenómeno del fútbol estadounidense.

"No todo estuvo cubierto de azúcar, flores y colores", dijo Dempsey. "Ha sido una lucha. Ha sido difícil. Pero eso me convirtió en quien soy".

ESTADÍSTICAS:

Posición: delantero

Partidos con la selección nacional de Estados Unidos: 141

Goles para Estados Unidos: 57

Partidos con clubes profesionales: 404

Goles para clubes profesionales: 129

MICHAEL BRADLEY

Sucede en todos los deportes. Cuando un hijo sigue los pasos de su padre, tiene que demostrar por sí solo de lo que es capaz.

Cuando un hijo es entrenado por su padre, recibe acusaciones de nepotismo y de que el único motivo por el que juega es por su familia.

Esa fue la historia de Michael Bradley cuando comenzaba su carrera con la selección nacional. Se convirtió en figura cuando su padre, Bob, era el entrenador del equipo.

Sin embargo, Bradley demostró por sí solo de lo que era capaz; siguió jugando y siendo parte importante del equipo mucho después de que su padre dejara de entrenarlo.

"Es obvio que tener a mi papá como entrenador siempre tuvo algunas ventajas y desventajas", dijo

Bradley una vez. "Pero nunca ha sido un obstáculo para lo que quiero lograr".

"Él me enseñó a actuar, a comportarme, y me enseñó que si entrenaba todos los días y le daba al equipo todo lo que tenía, la gente que estaba ahí me respetaría".

El fútbol definió los detalles de la vida de Bradley desde el inicio. Nació en Princeton, Nueva Jersey, donde su padre trabajaba como entrenador del equipo de la Universidad de Princeton. Cuando Michael era adolescente, a su papá lo contrataron como director técnico del Chicago Fire de la MLS, y la familia se mudó a Illinois. Ahí Bradley jugó en el Sockers FC, uno de los mejores clubes juveniles. A los quince años fue a la academia residencial de US Soccer en Bradenton, Florida, donde se quedó dos años.

Con el fútbol en la sangre y los mejores recursos disponibles, Bradley no tardó en convertirse en un talentoso jugador. Se volvió profesional con apenas dieciséis años y fue seleccionado por el MetroStars de la MLS. Pero la suya no fue una selección ordinaria. A Bradley lo seleccionó su padre, quien había dejado el Fire para entrenar a los MetroStars. Los rumores de nepotismo comenzaron al mismo tiempo que su carrera.

No jugó un solo minuto en su temporada de novato, pero ya era titular cuando llegó la segunda. Ese mismo año, a su padre lo despidieron antes del final de la temporada. Después del despido, Bradley anotó su primer gol en la MLS con un cabezazo.

Al finalizar la temporada, Michael fichó con el club holandés Heerenveen, con lo cual se convirtió en el jugador más joven de la MLS en ser vendido. En 2006, con apenas 19 años, encontró el éxito en Holanda. Con el tiempo se convirtió en titular y en un anotador consistente.

Ese año, 2006, fue muy importante para la familia Bradley. Michael recibió una convocatoria para el campamento de entrenamiento previo a la Copa del Mundo por parte de Bruce Arena. Arena conocía a Bradley desde que era un bebé, pues Bob Bradley había sido su asistente técnico en la Universidad de Virginia incluso antes de que Michael naciera.

Aunque no entró a la convocatoria final, Bradley tuvo su primera titularidad con la selección en un amistoso previo al torneo. Después de que el equipo decepcionara a sus aficionados al no avanzar a la segunda ronda, la US Soccer no renovó el contrato de Bruce Arena. La federación estaba interesada en contratar al alemán Jürgen Klinsmann, pero no logró concertar el trato, y Bob Bradley se convirtió en el entrenador interino.

En mayo, el título de interino desapareció y Bob Bradley se convirtió en entrenador a tiempo completo de la selección de Estados Unidos. Para entonces su hijo ya era un jugador habitual en las convocatorias, en la posición de mediocentro. Aunque a veces mostraba cierta inmadurez típica de un jugador joven —recibió una tarjeta roja tras una entrada tardía en la Copa de Oro—, comenzó a ser productivo.

Bradley tenía la costumbre de anotar grandes goles en grandes partidos. En 2009, durante un partido eliminatorio para el Mundial de 2010, atrajo miradas al anotar dos goles en la victoria de Estados Unidos sobre México en Columbus, Ohio. Ese mismo año, en la Copa Confederaciones de 2009, Bradley tuvo un buen partido, pero en los últimos minutos fue expulsado por hacer una dura entrada, en la sorpresiva victoria de Estados Unidos frente a España, y tuvo que perderse la final contra Brasil. Algunas personas se preguntaban si Bradley tenía un problema de actitud que no se resolvía porque su padre era el entrenador.

Sin embargo, en la Copa del Mundo de 2010, disputada en Sudáfrica, Bradley fue una pieza clave del equipo norteamericano: fue titular en los cuatro partidos y anotó el segundo gol en el crítico empate contra Eslovenia. Comenzó a sacudirse la percepción de que era inmaduro y que solo recibía oportunidades para jugar gracias a su padre.

Mientras tanto, Bradley siguió probándose en Europa, lejos de la influencia paterna. Firmó un contrato por cuatro años con el club alemán Borussia Mönchengladbach en 2008. En 2011 fue en préstamo al Aston Villa de la Premier League. Después emigró a la Serie A de Italia, donde jugó con el Chievo Verona y la Roma.

Aunque Bob Bradley renovó su contrato para entrenar a la selección de Estados Unidos para el siguiente ciclo mundialista, fue despedido de forma abrupta en julio de 2011, luego de que el equipo cayera en la final de la Copa de Oro ante México por 4-2. Bradley enfrentó críticas por su estilo de juego demasiado tímido y por serle demasiado leal a algunos jugadores, incluyendo a su hijo.

"En el fútbol y en la vida aprendes a lidiar con cosas difíciles", dijo Michael en aquel momento. "Aprendes a lidiar con cosas que no han salido como las planeaste y con cosas que son difíciles para gente cercana a ti. En el fútbol es igual. Es parte del juego".

Mientras su padre asumía el cargo de entrenador de la selección nacional de Egipto, y estaba al mando de clubes en Noruega, Francia, y el Swansea de la Premier League, Bradley siguió siendo un pilar del fútbol estadounidense. Klinsmann lo mantuvo como titular en el centro del campo, prueba de que la valía de Bradley nada tenía que ver con favoritismos.

En el Mundial de 2014, Bradley jugó los 390 minutos que duró el torneo para los estadounidenses. Una genial asistencia suya dio lugar al gol de Julian Green en la derrota ante Bélgica durante el tiempo extra. En 2015 jugó su partido número 100 con la selección nacional de Estados Unidos. Para entonces ya había vuelto a Norteamérica para jugar con el Toronto FC de la MLS.

Klinsmann fue despedido y relevado por Arena, el entrenador que convocó a Bradley a su primer campamento de selecciones nacionales. Arena se apoyó de manera inmensa en Bradley, y el equipo de Estados Unidos intentó salir del hoyo en el que estaba metido en las eliminatorias para la Copa del Mundo de 2018.

Uno de los momentos más importantes en ese

esfuerzo llegó en el Estadio Azteca, en la Ciudad de México, donde Estados Unidos nunca había ganado un partido eliminatorio y donde solo había anotado unos pocos goles. Seis minutos después del silbatazo inicial, Bradley interceptó un pase de la estrella mexicana Chicharito Hernández, corrió hacia el frente y disparó desde treinta metros afuera del área, sorprendiendo al equipo mexicano y a sus animosos aficionados. Ha sido descrito como uno de los goles más hermosos en la historia del fútbol estadounidense.

México logró igualar el marcador, pero escapar del Azteca con un vital empate no fue poca cosa para Estados Unidos.

Bradley, para entonces el capitán de la selección, había vuelto a mostrar su experiencia y compostura en un partido fundamental.

"Sabíamos que habría momentos en los que Chicharito buscaría acercarse al balón", dijo Bradley. "Sentí que podía leer lo que él quería hacer y me adelanté. Eso nos llevó a un buen gol".

Con Bradley como capitán, Estados Unidos ganó la Copa de Oro en el verano de 2017. Conforme Arena llevaba jugadores más jóvenes al equipo para que acompañaran a Bradley en el medio campo, Bradley se convirtió en una presencia veterana que transmitía tranquilidad.

A pesar de que la selección estadounidense no logró clasificar a la Copa del Mundo de 2018 y de que Gregg Berhalter reemplazó a Bruce Arena, Bradley se mantuvo en el equipo durante este periodo de turbulencia y transición.

Bradley se convirtió en el líder de la selección de Estados Unidos. No lo hizo por su padre ni por ninguna fuerza externa, sino gracias a su esfuerzo y talento.

ESTADÍSTICAS*:

Posición: mediocampista

Partidos con la selección nacional de Estados
   Unidos: 151

Goles para Estados Unidos: 17

Partidos con clubes profesionales (siete
   equipos): 428

Goles para clubes profesionales: 47

*Jugador en activo

JOZY ALTIDORE

Desde que Jozy Altidore apareció en la escena futbolística a los 16 años, se suponía que sería "la próxima gran estrella" del fútbol estadounidense.

Expectativas así han abrumado las carreras de otros jóvenes talentos, como Freddy Adu, quien años antes estuvo llamado a ser el salvador que el fútbol estadounidense necesitaba. Adu no se acercó siquiera a las astronómicas expectativas puestas sobre él, y en algunas ocasiones pareció que la carga también sería demasiado grande para Altidore.

No obstante, a pesar de las lesiones, el escrutinio constante y esas pesadas expectativas, Altidore logró forjar una carrera sólida que abarcó tres ciclos mundialistas. Escaló posiciones dentro de las selecciones nacionales y se convirtió en el tercer goleador histórico del equipo, detrás de Landon Donovan y de quien con frecuencia era su compañero en la delantera estadounidense, Clint Dempsey.

Altidore, hijo de inmigrantes haitianos, nació en Nueva Jersey y creció en Florida. Se crio jugando fútbol en Florida y se unió a la academia residencial Sub-17 en Bradeton.

"No creo que estaría donde estoy sin [la academia]", declaró una vez Altidore. "Me ayudó a cerrar la brecha. Tener la posibilidad de entrenar a diario con los mejores jugadores me impulsó a ser mejor. Fue muy valioso para mí; aprendí a ser un profesional".

Y, en efecto, se convirtió en profesional. Cuando tenía apenas 16 años, Altidore fue seleccionado por los MetroStars (que esa temporada se convertiría en el New York Red Bulls) en el Super Draft de la MLS de 2006. Sin embargo, se perdió gran parte de su primera temporada, pues estuvo preparándose para graduarse de la secundaria. Hizo su debut profesional en agosto de 2006 y anotó su primer gol un mes después. Con el Red Bulls se convirtió en el jugador más joven en la historia de la MLS en ser titular en un partido y anotar un gol.

Al ser tan joven, las primeras experiencias de Altidore fueron distintas a las del resto de sus compañeros.

Por ejemplo, su madre se mudó con él a Nueva Jersey y lo llevaba a los entrenamientos porque Altidore aún no tenía licencia para conducir. En mayo de 2007, Bruce Arena, su entrenador en ese momento, tuvo que concederle un permiso especial autorizándolo a perderse un partido para que Altidore pudiera llevar a su novia a su baile de graduación.

Sin embargo, cuando Altidore saltaba al campo no se comportaba como un niño en un juego de hombres; era un jugador talentoso con un enorme potencial. Ese año, fue el capitán de la selección Sub-20 de Estados Unidos, y debutó con la selección mayor. Anotó su primer gol con la selección nacional en febrero de 2008.

Meses después, el Villareal de La Liga española fichó a Altidore por $10 millones de dólares, en aquel entonces la mayor cantidad pagada por un jugador de la MLS. Debutó con el "Submarino Amarillo" en septiembre; en noviembre se convirtió en el primer estadounidense en anotar en La Liga. A principios de 2009, Villareal cedió a Altidore al Xerez de la segunda división, pero debido a una lesión nunca jugó. Más tarde, Villareal volvió a cederlo en préstamo al Hull City de la Premier League. Dos años después, fue en préstamo al Bursapor de Turquía.

En ese momento, Altidore —que aún era un adolescente— comenzaba a hacer olas con la selección nacional. Anotó un triplete ante Trinidad y Tobago en las eliminatorias y se convirtió en el jugador estadounidense más joven en haber logrado esa hazaña. Jugó con la selección Sub-23 en los Juegos Olímpicos de 2008, la última edición en la que Estados Unidos ha participado. Luego anotó un gol de visitante contra El Salvador. En la Copa Confederaciones marcó un gol en la sorpresiva victoria contra España.

Las expectativas eran más altas que nunca, y al año siguiente Altidore fue el delantero titular de Estados Unidos en los cuatro partidos de la Copa del Mundo de 2010. Pero no anotó ni una sola vez y dio solo una asistencia. Comenzaron entonces las críticas; la gente decía que no estaba cumpliendo con lo que se esperaba de él.

Para entonces, Altidore había anotado solo seis goles en los tres años que había pasado en clubes europeos. Se temía que no pudiera destacarse ante la competencia.

Eso cambió en 2011, cuando Altidore se sumó al AZ Alkmaar holandés. En su primera temporada anotó 20 goles. En la segunda, marcó 31, rompiendo el récord de Clint Dempsey de más goles de un futbolista estadounidense en una temporada en Europa. Altidore ayudó al AZ a ganar la Copa Holandesa por primera vez en 31 años.

Jozy al fin había encontrado el éxito en Europa. Pero estar allá trajo complicaciones. Al ser un hombre de color, fue víctima de cantos racistas por parte de los aficionados holandeses. Ese fue uno de los peores abusos que sufrió en el campo de juego.

"Es un poco decepcionante ver que estas cosas sigan ocurriendo hoy en día", le comentó Altidore al canal de televisión Eredivisie Live. "Pero ¿qué podemos hacer? Solo podemos desear que estas personas encuentren la forma de ser mejores. Solo puedes rezar por ellos".

Alitdore recibió después una invitación de la FIFA para sumarse a un grupo de trabajo para combatir el racismo en el fútbol.

"El racismo en el fútbol no es un problema insignificante", dijo Altirdore. "Es inmenso, es un problema que está más vivo de lo que la gente cree".

Tras sus éxitos en la Eredivisie, el AZ le vendió el contrato de Altidore al Sunderland de la Premier League. Después de un inicio estrepitoso, los goles y los minutos de juego de Altidore comenzaron a disminuir. Tras buscar un lugar donde pudiera jugar más, volvió a la MLS, al Toronto FC, donde jugó junto a su compañero de tantas batallas en la selección nacional, Clint Dempsey.

Aunque tuvo un periodo de éxito en Europa, el desempeño de Altidore con su selección nacional fue errático. Sufrió una seria lesión en el tendón de la corva durante la Copa de Oro de 2011 y, después de ese revés, tuvo una sequía goleadora de casi dos años entre 2011 y 2013. Pero luego impuso un récord en el fútbol estadounidense tras anotar en cinco partidos consecutivos. Altidore parecía haber encontrado su ritmo de cara a la Copa del Mundo de 2014, donde se esperaba que marcara la diferencia. Pero en el primer partido de Estados Unidos, ante Ghana, Altidore sufrió un tirón y tuvo que salir del campo en camilla. No volvió a jugar en el torneo.

Aunque no fue culpa suya, Altidore no pudo cumplir con las expectativas una vez más.

Sin embargo, cuando se recuperó de la lesión Altidore siguió siendo una pieza clave para el entrenador Jürgen Klinsmann, y anotó 14 goles entre el otoño de 2014 y el otoño de 2016. Cuando Arena volvió al banquillo de la selección nacional estadounidense en 2016, siguió confiando en Altidore, quien había subido de a poco en la tabla de máximos goleadores históricos de Estados Unidos hasta el tercer lugar.

Un gol memorable llegó en la semifinal de la Copa de Oro 2017 ante Costa Rica, cuando Dempsey entró como suplente y de inmediato le dio un pase perfecto a Altidore, quien clavó el balón en el fondo de la red. En la final ante Jamaica, Altidore anotó con un disparo con comba de tiro libre para darle la ventaja a su país, que terminaría por ganar el torneo. Fue un triunfo momentáneo: ese mismo año, el equipo no lograría clasificar para el Mundial de 2018.

Más allá del fracaso, todo lo demás en la vida de Altidore estaba bien. Tuvo un hijo. Luego se reencontró con una amiga de la infancia, Sloane Stephens, la joven superestrella del tenis que ganó el US Open en 2017. Se enamoraron y en 2019 anunciaron su compromiso.

A lo largo de su carrera, Altidore ha participado en obras benéficas, como el otorgamiento de becas y el envío de agua potable y dinero a los damnificados de los huracanes y terremotos en Haití, el empobrecido país del que sus padres salieron hace muchos años. Altidore ha sido parte de misiones humanitarias y también ha ayudado a financiar un programa para llevar proyecciones de la Copa América a Haití, donde muchos no pueden pagar un televisor, para que puedan ver a su equipo.

"Estoy feliz", dijo después de la victoria en la Copa de Oro. "Estoy disfrutando del fútbol, de mi vida afuera del campo, y eso es lo más importante para mí".

Como lo ha hecho durante toda su carrera, Altidore aún carga con el peso de las expectativas, pero algo es seguro: no deja que ese peso lo detenga.

ESTADÍSTICAS*:

Posición: delantero

Partidos con la selección nacional de Estados Unidos: 115

Goles para Estados Unidos: 42

Partidos con clubes profesionales: 305

Goles para clubes profesionales: 114

*Jugador en activo

BRAD FRIEDEL

Los primeros jugadores estadounidenses en ganarse el respeto del mundo del fútbol fueron arqueros. Y, entre ellos, Brad Friedel fue el mejor de todos.

A diferencia del resto de sus compañeros, los porteros de Estados Unidos sí recibían reconocimiento. Los respetaban. Eran muy buenos. Fueron los primeros futbolistas de su país en cambiar la percepción de que los estadounidenses no podían jugar al más alto nivel.

Una teoría que explicaría por qué Estados Unidos ha producido porteros confiables con tanta frecuencia es que los mejores atletas de ese país crecieron practicando otros deportes que involucran las manos, la coordinación ojo-mano y saltos para atrapar objetos. Eso sucede en el béisbol, el fútbol americano y el básquetbol. Con frecuencia, los atletas altos con capacidad de salto fueron reclutados en otros deportes y terminaron en una portería de fútbol.

Friedel no fue la excepción. Durante su infancia y juventud en Ohio, se desempeñó como atleta en múltiples disciplinas; jugó tenis, básquetbol y fútbol, destacándose en los tres. De hecho, fue nombrado uno de los mejores jugadores de básquetbol del estado de Ohio. Entrenadores de la UCLA lo observaron en un torneo de fútbol y lo reclutaron.

"Brad es el único jugador por quien tomé un avión para ir a verlo jugar en medio de una temporada", dijo el entonces entrenador de la UCLA, Sigi Schmid. "Bastó con esa única vez y con lo que dijeron mis asistentes para saber que él tenía algo muy especial".

En la UCLA, Friedel recibió una invitación para probarse con el renombrado equipo de básquetbol de los Bruins. Prefirió seguir con el fútbol, intentando mejorar todo el tiempo, y fue con él en el arco que los Bruins ganaron un campeonato nacional en 1990. Ganó el trofeo Hermann al mejor jugador de fútbol del país en 1993. También jugó con la selección nacional Sub-23 en los Juegos Olímpicos de Barcelona, donde llamó la atención del entrenador del club inglés Nottingham Forest.

Con ese contacto en mano, Friedel dejó la UCLA un año antes en busca de una carrera profesional, con la esperanza de llegar al Nottingham Forest. No lo consiguió y pasó años intentando llegar a Escocia o Inglaterra, pero le negaron el permiso de trabajo para dichos países varias veces. Pasó un tiempo con un equipo en Noruega, donde no jugó.

Durante varios años, y debido a esas complicaciones, Friedel batalló para encontrar oportunidades que se tradujeran en minutos de juego. Resignado, volvió a Estados Unidos y luego fue a jugar a Turquía. En 1997 firmó con el Columbus Crew de la MLS en su estado natal, Ohio. En casa encontró el éxito que le habían negado en el extranjero. Esa temporada fue nombrado portero del año de la MLS.

"Cuando se unió a nosotros, Friedel cambió por completo la cultura del club, del vestidor, de los entrenamientos, dentro y fuera del campo", dijo Greg Andrulis, quien era el entrenador del Crew. "De pronto, tuvimos a un jugador de talla mundial entre nosotros. El equipo y la liga fueron mejores al tener a Brad".

Pero Friedel aún quería jugar en el extranjero. Su estadía en la MLS duró solo una temporada, tras la cual se dirigió al legendario Liverpool de la Premier League.

A pesar de su talento, Friedel también tuvo que esperar su turno para unirse a la selección nacional de su país. Jugó su primer partido con la selección mayor en 1992. Pero Tony Meola le ganó la titularidad para la Copa del Mundo de 1994; Friedel fue el suplente durante el torneo. Volvió a serlo en el Mundial de 1998, detrás de Kasey Keller. Pero con el equipo estadounidense en un hoyo luego de dos partidos perdidos, recibió la oportunidad de ser titular en un partido de Copa del Mundo frente a Yugoslavia, el último de la fase de grupos. Concedió un gol al tercer minuto de juego, el único de todo el partido. Friedel también fue parte del equipo olímpico en los Juegos del año 2000 en Australia, como uno de los tres refuerzos mayores permitidos en el equipo Sub-23.

Para entonces, Friedel al fin comenzaba a cumplir su sueño de jugar en el fútbol europeo. Recibió la recompensa de toda una vida de trabajo a finales de 1997. Pasó tres temporadas en Liverpool, aunque solo jugaba de forma ocasional. Firmó con otro club inglés, el Blackburn Rovers, a finales del año 2000, y fue entonces que su carrera en verdad comenzó a despegar. Al momento de su fichaje, Blackburn estaba en la segunda división, pero el desempeño de Friedel en la portería ayudó al equipo a conseguir el ascenso a la Premier League. En la temporada 2002-2003 tuvo quince porterías a cero, tras lo cual fue nombrado el Jugador del Año de su equipo.

Friedel está orgulloso de su papel como pionero del fútbol estadounidense en Europa.

"Todos nosotros en ese entonces abrimos el paso para quienes están jugando allá ahora", declaró al respecto.

Friedel llevó esa nueva seguridad a su posición con la selección nacional. En la Copa del Mundo de 2002 por fin fue el arquero titular en la mejor presentación de su selección nacional, que llegó hasta los cuartos de final del torneo. Fue titular en los cinco partidos y recibió el apodo de "la muralla humana" al convertirse en el primer arquero en veintiocho años en detener dos penales en un mundial, uno frente a Corea del Sur y otro frente a Polonia.

Fue una actuación espectacular. Y fue la cumbre de la carrera de Friedel con la selección nacional. Si no hubiera surgido en una época en la que el fútbol de Estados Unidos estaba lleno de grandes arqueros, habría tenido más oportunidades y sido más dominante.

Era un gran atajador que usaba a su favor la enorme extensión de sus brazos.

"Está en la élite", dijo Schmid. "Estados Unidos tuvo la fortuna de contar con una gran camada de porteros como Keller, Meola y Friedel, todos en la misma época. Para mí, Brad siempre fue el más completo. Está entre los diez mejores jugadores de la historia del país".

Friedel se retiró de la selección nacional en 2005, con 33 años y 82 partidos al hombro. Seguía comprometido con su carrera en Inglaterra, y los constantes viajes de ida y vuelta a Estados Unidos para los partidos eliminatorios y amistosos le pasaban factura, por lo que decidió poner fin a los días de representar a su país.

Pero no estaba ni cerca de terminar su carrera. Tras ocho temporadas con Blackburn, en 2008 Friedel firmó un contrato de tres años con el Aston Villa. En 2011, se sumó al Tottenham Hotspur. Fue titular hasta octubre de 2012, cuando pasó a ser suplente en un partido. Con ese encuentro, su récord como jugador con más partidos consecutivos en la Premier League terminó con la sorprendente cantidad de 310, habiendo comenzando en 2004.

Friedel se retiró del fútbol profesional en 2015, a los 43 años de edad. Le atribuyó su longevidad a hacer yoga a diario, lo que lo mantenía flexible. Ha sido el jugador de más edad en estar activo tanto con el Aston Villa como con el Tottenham.

"Es increíble que haya sido así", dijo cuando estaba por terminar su carrera.

A partir de 2015 Friedel pasó a ser el entrenador de la selección Sub-19 de Estados Unidos, donde ayudó a desarrollar talentos para la selección mayor.

"Estamos en un muy buen lugar", dijo antes de asumir el puesto como entrenador principal del New England Revolution de la MLS.

Friedel está ayudando a encontrar y apoyar al talento que llevará al fútbol estadounidense hacia el futuro, un futuro que él mismo y su larga y distinguida carrera ayudaron a crear.

ESTADÍSTICAS:

Posición: portero

Partidos con la selección nacional de Estados Unidos: 82

Porterías a cero con Estados Unidos. 24

Partidos con clubes profesionales (seis equipos): 668

Porterías a cero con clubes profesionales: 132

PAUL CALIGIURI

Durante décadas, Estados Unidos no recibió invitación a la fiesta más grande del mundo. Cada cuatro años, las naciones se reunían, las banderas ondeaban, los hinchas celebraban y se jugaba fútbol. La fiesta era siempre colorida, diversa y divertida, y a la gente le encantaba.

Pero los estadounidenses no asistían a la Copa del Mundo. El equipo de Estados Unidos no consiguió su clasificación después de 1950. Estados Unidos nunca jugó en el mismo torneo que Pelé. Cuando su vecino del sur, México, fue el anfitrión de dos ediciones del campeonato —en 1970 y 1986—, Estados Unidos quedó fuera.

Durante aquellos años decepcionantes seguía habiendo pequeños grupos de aficionados empedernidos por todo el país. Hubo un breve pero intenso interés por el deporte cuando Pelé llegó a jugar a la North

American Soccer League. Sin embargo, esa liga desapareció, el interés disminuyó y el fútbol en Estados Unidos quedó relegado a ser algo que prácticamente solo jugaban los niños los fines de semana.

Luego llegó Paul Caligiuri y lo cambió todo.

En 1989 anotó un gol que fue llamado "el tiro que se escuchó en todo el mundo", y ese gol ayudó a propulsar un inmenso movimiento futbolístico en Estados Unidos.

Caligiuri era uno de esos niños que jugaba fútbol los fines de semana. Creció en Diamond Bar, una pequeña ciudad cerca de Los Ángeles. Cuando tenía siete años, en 1971, mientras montaba su bicicleta, se encontró con algunos de sus amigos, quienes se estaban inscribiendo en una liga de fútbol infantil. Paul decidió inscribirse también.

Se obsesionó con el deporte; practicaba sus tiros durante horas en el *driveway* de su casa, jugaba en equipos de los mejores futbolistas de la zona y se convirtió en la estrella del equipo de su escuela secundaria. También jugó para la UCLA y fue el capitán de la escuadra que ganó el campeonato nacional en 1985.

Después de graduarse de la universidad, jugó en

un equipo semiprofesional, los San Diego Nomads. Se le presentó una gran oportunidad cuando lo invitaron a jugar en un partido de exhibición en el Rose Bowl, después de la Copa del Mundo en México, entre un equipo de Estrellas Europeas y el Resto del Mundo. A Caligiuri se lo invitó por cortesía, el único jugador que representaría al sur de California. Sin importar la razón por la que lo invitaron, Caliguri aprovechó aquella oportunidad. Dio un pase que llamó la atención de un jugador alemán, Felix Magath, quien convenció a su equipo, el Hamburgo, de observar a Caligiuri.

Caligiuri se sometió a una prueba, firmó un contrato y se convirtió en el primer jugador nacido en Estados Unidos en fichar con un equipo de la prestigiosa Bundesliga.

"Era la oportunidad de jugar a un nivel más alto, y la tomé", dijo. "No quería dejar California, pero sabía lo que tenía que hacer para convertirme en un mejor jugador".

El Hamburgo lo transfirió durante su estadía en Alemania, y firmó un contrato con un equipo de segunda división en Alemania Occidental. Pasó por varios equipos alemanes durante los años siguientes, y ganó un campeonato de Alemania Oriental con el FC Hansa Rostock.

En 1989 volvió a casa para ayudar a Estados Unidos a clasificarse para la Copa del Mundo de 1990. Algunos de los otros jugadores —todos jugadores o exjugadores universitarios— tenían resentimiento o celos de Caligiuri, quien no era tímido al compartir sus nuevos conocimientos. El equipo tuvo que convocar a una reunión de sus miembros para aclarar las cosas antes del último partido clasificatorio en Puerto España, Trinidad.

Había mucho en juego en ese partido que se disputó el 19 de noviembre de 1989. Estados Unidos tenía que vencer a Trinidad y Tobago para asistir a su primer Mundial en cuarenta años. Un empate o una derrota le darían el pase a los trinitarios. Había una ventana de oportunidad en la región, porque México estaba en medio de una suspensión de dos años. En las eliminatorias para las nueve copas del mundo anteriores, el equipo estadounidense no había podido superar la primera ronda.

A pesar de que Caligiuri no había sido efectivo en sus primeros partidos tras volver al equipo nacional, el

entrenador Bob Gansler decidió alinearlo en el mediocampo ante Trinidad y Tobago, con la instrucción de
no subir al ataque, sino quedarse replegado y defender.
No fue una sorpresa que Caligiuri ignorara esas órdenes en el momento definitivo.

"Algo que Paul Caligiuri nunca tuvo fue falta de
confianza en sus habilidades", dijo Gansler. "Paul hacía
cosas audaces".

A los 30 minutos del primer tiempo, Caligiuri recibió un pase de Tab Ramos en el centro del campo. Hizo
una recepción dirigida con el pecho, se lanzó hacia
el frente, recortó a un rival y, desde afuera del área,
disparó un tiro con la pierna izquierda que trazó una
curva, clavándose en el ángulo inferior izquierdo de la
portería del arquero de Trinidad, Michael Maurice.

Fue un gol hermoso y un disparo audaz.

Rob Hughes, uno de los mejores periodistas de
fútbol del mundo, escribió: "Pelé lo habría intentado
desde ahí. Maradona tal vez. Solo algunos de los mejores profesionales del mundo lo habrían considerado".

Pero quien lo hizo fue Caligiuri, el joven estadounidense salido de Diamond Bar.

Estados Unidos logró contener a su oponente durante el resto del partido y, para sorpresa de muchos, conservar el boleto a la Copa del Mundo en Italia el verano siguiente.

"Todo salió como debía salir", dijo el arquero Tony Meola, quien mantuvo la portería a cero.

Al final del partido, los jugadores se amontonaron unos sobre otros en el campo de juego. Pero es posible que la celebración de los oficiales del US Soccer, que estaban a cargo el fútbol en Estados Unidos, haya sido mucho más intensa.

Dieciséis meses antes, el 4 de julio de 1988, se designó a Estados Unidos como sede para la Copa del Mundo de 1994. La comunidad futbolística internacional estaba indignada ante lo que claramente fue una decisión financiera: la FIFA quería entrar al enorme mercado estadounidense a pesar del pésimo desempeño de la selección nacional en las décadas anteriores.

Para las hordas de críticos, era bastante malo que al público y a los medios estadounidenses les importara poco o nada el fútbol. Pero habría sido mucho más vergonzoso que el país no pudiera clasificar a un Mundial por su cuenta (dado que ya tenían un lugar asegurado en el torneo de 1994 al ser los anfitriones).

Los jugadores habían oído rumores antes del partido contra Trinidad y Tobago sobre la posibilidad de que la Copa del Mundo de 1994 se celebrara en otro país si Estados Unidos no ganaba, y que el programa de fútbol de US Soccer se desmantelara. Sin importar si era real o imaginada, todos sintieron la presión.

El gol de Caligiuri fue un alivio, y aseguró que Estados Unidos tuviera al menos un poco de experiencia mundialista antes de convertirse en sede del torneo cuatro años más tarde.

El sabor de la victoria en la eliminatoria fue dulce, pero duró poco. El verano siguiente, la selección estadounidense no tuvo una experiencia agradable en Italia. En el partido de apertura en Florencia, en el Mundial de 1990, Checoslovaquia avergonzó a Estados Unidos en un 5-1; Caligiuri anotó el único gol. La selección perdió también ante la selección local, Italia, y luego frente a Austria. La aventura duró solo nueve días.

Pero el mundo del fútbol estadounidense había cambiado. Caligiuri volvió a Alemania, y varios de sus compañeros tuvieron también la oportunidad de jugar en Europa. Continuaron fortaleciendo su selección nacional en preparación para los reflectores de la Copa del Mundo de 1994. Caligiuri fue titular en todos los partidos del torneo, incluida la victoria en fase de grupos sobre Colombia en el Rose Bowl, el mismo estadio donde comenzó su carrera internacional. Los estadounidenses finalizaron la fase de grupos con una victoria, un empate y una derrota, y avanzaron a los octavos de final, donde cayeron frente a Brasil. A pesar del escepticismo, la Copa del Mundo en Estados Unidos fue todo un éxito y contó con un récord de espectadores. Los días del vergonzoso fútbol estadounidense se habían terminado.

En un irónico desenlace, la racha de copas del mundo seguidas a las que asistió el equipo de Estados Unidos terminó en Trinidad y Tobago en 2017, el mismo país en el que había comenzado el renacimiento. El equipo quedó eliminado en la última jornada de partidos clasificatorios para el Mundial de Rusia de 2018.

Cuando comenzó la Major League Soccer, Caligiuri fue colocado en el Columbus Crew. La temporada siguiente volvió al fin a California y se sumó al Los Ángeles Galaxy, donde jugó hasta su retiro.

Cuando dejó el fútbol profesional, entrenó durante un tiempo a los equipos de fútbol masculino y femenino de la Universidad Politécnica Estatal de California, Pomona, y también a equipos juveniles en Orange

County, California. Entrenó a jóvenes jugadores que crecieron en un mundo futbolístico distinto en su país, en gran parte gracias a aquel gol de Caligiuri.

"Para mí, ese fue el gol más importante en la historia de Estados Unidos", dijo su excompañero John Harkes.

¿Se habría hecho realidad lo que todos temían sin ese gol, sin esa victoria? ¿Habría cambiado de sede la Copa del Mundo? ¿Podría nunca haber existido la MLS?

"Es fascinante ver hasta dónde hemos llegado", dijo Caligiuri. "Y pensar en los '¿Qué tal si...?'. Si todo aquello no hubiera ocurrido, ¿dónde estaríamos?".

ESTADÍSTICAS:

Posición: mediocampista

Partidos con la selección nacional de Estados Unidos: 110

Goles para Estados Unidos: 5

Partidos con clubes profesionales: 271

Goles para clubes profesionales: 14

CHRISTIAN PULISIC

¿Puede un adolescente que no ha jugado un solo minuto en copas del mundo ser parte de la oncena de jugadores más importantes en la historia de un país?

Sí. Así de electrizante e importante es Christian Pulisic. Y su importancia no ha hecho más que crecer desde la eliminación de la selección de Estados Unidos en el Mundial de 2018.

Tras solo 18 partidos con la selección nacional, y únicamente 12 como titular, Pulisic era señalado como el jugador más habilidoso que Estados Unidos había producido, un talento generacional y la más grande esperanza para el futuro.

"Es quizás la primera superestrella estadounidense en este deporte", dijo su exentrenador Bruce Arena cuando Christian tenía apenas 18 años. "Es un joven muy talentoso".

Cuando el equipo estadounidense perdió la oportunidad de competir en la Copa Mundial de Rusia aquella noche de octubre de 2017 en Trinidad y Tobago, Pulisic lloró. También quedaron con el corazón partido los millones de aficionados que esperaban ver a la joven estrella en el más grande de los escenarios.

Pero sin duda tendrán la oportunidad en el siguiente ciclo mundialista.

Pulisic nació en Hershey, Pennsylvania, solo unas semanas después del vergonzoso desempeño de la selección estadounidense en la Copa del Mundo de Francia de 1998, donde el equipo terminó en último lugar y hecho pedazos. Dos décadas después, US Soccer mira a Pulisic en busca de que los saque de una vergüenza más reciente.

Los padres de Pulisic, Kelley y Mark, jugaron fútbol a nivel universitario en la Universidad George Mason. Kelley comenzó a jugar en un equipo para niños a los cinco años. En la secundaria y en su club juvenil fue compañera de la futura leyenda del fútbol femenino Mia Hamm. Kelley, una defensora con gran capacidad para anotar, recibió una beca para jugar en la universidad.

Cuando estuvo ahí conoció a Mark, quien ju-

gaba con su hermano mayor en el equipo masculino.
El padre de Mark era de Croacia, por lo que él creció
enamorado del fútbol europeo. Después de graduarse,
Mark jugó durante ocho años con el Harrisburg Heat,
un equipo de fútbol sala en Pennsylvania, antes de convertirse en entrenador.

Pulisic, al igual que sus dos hermanos mayores,
creció jugando varios deportes. Sus padres no querían
presionarlo para que jugara fútbol, pero él no dejaba
de acercarse al juego por cuenta propia. Era fanático
de Luis Figo, la estrella portuguesa que jugaba para el
Real Madrid. A la fecha, su padre lo llama "Figo" cari-
ñosamente.

Cuando Christian tenía siete años, Kelley recibió
una beca para enseñar durante un año en Inglaterra.
Christian jugó fútbol ahí y en Detroit, donde se asentó
la familia Pulisic cuando regresó a Estados Unidos. Al
volver a Pennsylvania, Christian se unió a un equipo
de la Academia de Desarrollo de US Soccer. Con apenas catorce años, entró al programa residencial nacional Sub-17 en Bradeton, Florida.

Durante la Copa del Mundo de 2014, Christian fue
un aficionado más que miró los partidos en el sótano
de su primo, enfundado en la camiseta de su selección.

"Recuerdo lo importante que fue para mí como estadounidense", ha comentado al respecto. "Obviamente, mi ambición era jugar en la selección nacional".

Un cazatalentos del Borussia Dortmund, un club alemán con gran ojo para descubrir jóvenes talentos, observaba a otro jugador de Estados Unidos en un torneo en 2014 cuando descubrió a Pulisic. Lo sumaron al equipo Sub-17 de aquel club de la Bundesliga en febrero de 2015. Para poder conseguir una visa de trabajo, Pulisic solicitó y recibió el pasaporte croata, apoyado en la ciudadanía de su abuelo, quien había nacido en ese país. Sin embargo, cuando la federación croata lo contactó para que jugara para ellos, Christian los rechazó.

Mark, su padre, fue con él a Alemania para ayudarlo a instalarse. Christian se inscribió en una escuela secundaria alemana. Después de jugar con los equipos Sub-17 y Sub-19 durante un año, fue convocado al primer equipo durante las vacaciones de invierno y comenzó a jugar en enero de 2016. Fue titular por primera vez en febrero. También tuvo oportunidad de participar en partidos de la Champions League, entrando de cambio ante el Real Madrid unos días después de cumplir 18 años, y enfrentándose sin temor a jugadores como Cristiano Ronaldo o Gareth Bale, para dar la asistencia en el gol del empate.

Aunque extrañaba su casa y cosas como los tacos, aprendió a hablar alemán a la perfección y se enamoró de la afición vestida de negro y amarillo, y de la ciudad de clase trabajadora en la que estaba.

"Toda la ciudad, lo apasionados que son los hinchas", dijo. "Amor verdadero (el lema del equipo) en verdad dice todo sobre el club y lo mucho que les importa el fútbol, y lo mucho que ellos nos importan a nosotros".

Dortmund, con el promedio de asistencia de espectadores más alto del mundo, pone a 80,000 aficionados en las gradas semana tras semana. A Pulisic parecía no afectarle que la multitud coreara su nombre o que lo buscaran para tomarse selfis y pedirle autógrafos.

Cuando tenía 17 años, voló a Pennsylvania desde un campamento de entrenamiento de la selección nacional para asistir a su baile de graduación en Hershey High, dándose el lujo de contratar un avión privado para celebrar un momento tan importante en la vida de todo joven. A la mañana siguiente voló a Kansas City para anotar su primer gol con la selección nacional en un partido frente a Bolivia, entrando de cambio en su tercer partido con el equipo. Se convirtió en el jugador estadounidense más joven en anotar en la era moderna.

"Fue muy especial", dijo Pulisic acerca de ese alocado fin de semana.

Unos meses después, fue titular por primera vez con la selección, en un partido frente a Trinidad y Tobago que se disputó en Florida. Cumplió 18 años unos días después y lo celebró asistiendo a un concierto de Justin Bieber. Pronto se convirtió en titular habitual, mientras Estados Unidos intentaba con desesperación clasificarse para la Copa del Mundo de 2018. Se convirtió de inmediato en uno de los favoritos de la afición, que buscaba a su próxima gran estrella.

"Buscan al siguiente jugador que sea la cara del fútbol estadounidense", dijo Christian. "Eso es lo que escucho todos los días. Intento no pensar en ello. Ya me pongo suficiente presión".

El mediocampista de 5 pies y ocho pulgadas (1.72 m) —a quien la gente describe como tímido, pero seguro de sí mismo y perfeccionista— se convirtió en un anotador constante, con nueve goles en 16 partidos. Incluso a los ojos de alguien que no es experto, su nivel de habilidad es obvio: velocidad asombrosa, capacidad de pase, habilidad para superar a la defensa y gran inteligencia.

"Si lo acabas de conocer, no creerías que es estadounidense", ha dicho Arena.

Para mediados de 2017, otros grandes clubes de Europa comenzaron a preguntar por Christian. Firmó también contratos comerciales con Nike, Gatorade y los chocolates Hershey. Pulisic ha cambiado las expectativas y la narrativa sobre lo que significa ser un futbolista estadounidense.

Sin embargo, mientras él iba en ascenso, su selección nacional estaba en crisis. Durante sus primeros 18 meses con el equipo, dos entrenadores se fueron; tanto Klinsmann como Arena fueron despedidos. No clasificar a la Copa del Mundo fue una decepción tremenda.

Y mientras otros jugadores se alejan y la selección se reconstruye, él cargará con una enorme responsabilidad en el futuro del fútbol estadounidense. De la noche a la mañana, se convirtió en el pilar de una selección en problemas.

No obstante, la estrella de Pulisic reluce cada vez más en Europa. En enero de 2018 firmó con el Chelsea por $73 millones de dólares, la mayor cantidad pagada por un jugador de Estados Unidos en la historia. Pasó el resto de la temporada en Dortmund y se unió a su nuevo club en el verano. Aunque tuvo problemas para hacerse un lugar en la alineación titular, cuando tuvo una oportunidad, en octubre de 2019, anotó un triplete.

"Lo más importante que me enseñó mi papá fue a jugar sin miedo", ha dicho Christian. "Eso he hecho toda mi carrera. Y, si sigo haciéndolo, él dice que el cielo es el límite".

Sí, el cielo es el límite para Pulisic, y todo el fútbol estadounidense espera que lo lleve con él.

ESTADÍSTICAS*:

Posición: mediocampista

Partidos con la selección nacional de Estados
    Unidos: 34

Goles para Estados Unidos: 14

Partidos con clubes profesionales (Borussia
    Dortmund y Chelsea): 150

Goles para esos clubes: 25

*Jugador en activo

LAS DIEZ MEJORES ATAJADAS EN LA HISTORIA DE LAS COPAS DEL MUNDO

10. KEYLOR NAVAS, COSTA RICA VS. GRECIA, 2014, OCTAVOS DE FINAL

La genialidad de Navas ante Grecia en la eliminación directa llevó a Costa Rica a los cuartos de final por primera vez en la historia. Durante el partido, Navas tapó tiro tras tiro, y por un momento pareció que su excelencia haría que los penales no fueran necesarios. Pero los griegos empataron el encuentro 1-1 contra una Costa Rica disminuida, y el partido llegó a los penales. Navas, nombrado el hombre del partido, tapó de manera increíble un penal con una mano dándole el triunfo a su equipo, y Costa Rica avanzó a los cuartos de final.

9. TIM HOWARD, EUA VS. BÉLGICA, 2014, OCTAVOS DE FINAL

El Mundial de 2014 fue un torneo espectacular para los arqueros. Aunque el mejor de todos fue el alemán Manuel Neuer, hubo otros que brillaron también. Howard impuso un récord en copas del mundo con 16 atajadas en un tenso partido de octavos de final contra el gran favorito equipo belga. La décima segunda de esas atajadas fue ante Vincent Kompany, quien recibió el balón justo frente a la portería, pero Howard, corriendo de espaldas al arco, logró sacarla. Howard terminó vencido por el suplente Romelu Lukaku, quien logró mandar un balón al fondo, pero cuatro de las últimas atajadas de Howard en el partido fueron a intentos del poderoso delantero.

8. **DINO ZOFF**, ITALIA VS. BRASIL, 1982, SEGUNDA RONDA

El ganador de este partido pasaría de forma directa a las semifinales. Fue uno de los partidos más entretenidos en la historia de las copas del mundo, y suele ser recordado por el triplete de Paolo Rossi. Pero fue el arquero italiano Dino Zoff quien aseguró la victoria para su equipo tras atajar un cabezazo del brasileño Zico. Zoff no solo detuvo el tiro, sino que cayó al piso para tomar el balón antes de que este cruzara la línea de gol. Italia ganaría esa Copa del Mundo.

7. OLIVER KAHN, ALEMANIA VS. EUA, 2002, CUARTOS DE FINAL

Sin esta atajada, se habría dado el más improbable de los escenarios de la Copa del Mundo: los estadounidenses habrían avanzado a las semifinales del Mundial. Pero Kahn detuvo un tiro a mansalva de Landon Donovan con las puntas de los dedos, su segunda atajada frente al audaz joven delantero. Lo improbable no ocurrió, y Alemania avanzó a la semifinal.

6. GUILLERMO OCHOA, MÉXICO VS. BRASIL, 2014, FASE DE GRUPOS

Este partido fue el primer indicio de que a Brasil, el anfitrión del torneo, le provocaba mucha ansiedad jugar en su propio país. Ochoa, el arquero mexicano, hizo varias atajadas increíbles, incluida una a un cabezazo a bocajarro de la superestrella brasileña Neymar. Ochoa se tendió hacia la izquierda para sacar el balón de la línea. Las frustraciones de Brasil aumentaron, y el partido culminó con un empate 0-0.

5. IKER CASILLAS, ESPAÑA VS. HOLANDA, 2010, FINAL

En unsegundo tiempo sin goles, el extremo holandés Arjen Robben recibió un pase filtrado y enfiló hacia la portería española. Robben disparó raso, y Casillas logró desviar el balón con la pierna derecha. Robben se dejó caer de rodillas, incrédulo. Aún quedaba una larga batalla por delante, pero España se coronaría como la selección campeona del mundo.

4. LEV YASHIN, UNIÓN SOVIÉTICA VS. CHILE, 1962, CUARTOS DE FINAL

Durante muchos años, Lev Yashin, de la URSS, fue considerado el mejor portero de todos los tiempos. Ha sido el único arquero del fútbol masculino en ganar un Balón de Oro. Su atajada en los cuartos de final de la Copa del Mundo de 1962 fue una muestra perfecta de su talento. El delantero chileno Honorino Landa se dirigía justo hacia él. Vestido todo de negro, lo que le valió el apodo de "La Araña Negra", Yashin aguantó a pie firme la embestida y se tiró a su derecha en el último instante para lograr la atajada. A pesar de sus heroicos esfuerzos, Chile ganó el partido 2-1.

3. **TONI TUREK**, ALEMANIA OCCIDENTAL VS. HUNGRÍA, 1954, FINAL

Hungría era la selección favorita para ganar la Copa del Mundo, además de ser considerada una de las mejores selecciones de la historia. De camino a la final, Hungría destruyó a sus oponentes, incluso al anfitrión, Alemania Occidental, por 8-3 en la fase de grupos. Pero en el partido definitivo, una revancha, el portero alemán, Toni Turek, tuvo una actuación magistral. Su mejor atajada posiblemente haya sido la que hizo en el minuto 24, cuando Nándor Hidegkuti disparó a puerta y Turek logró sacar el balón por encima del travesaño con el puño. Alemania ganó el partido 3-2.

2. GIANLUIGI BUFFON, ITALIA VS. FRANCIA, 2006, FINAL

Italia avanzó en la Copa del Mundo de 2006 sobre los hombros de Gianluigi Buffon. Hizo atajadas extraordinarias a lo largo de todo el torneo, incluyendo una legendaria frente a Lukas Podolski en la semifinal contra Alemania. En la final, con el marcador empatado 1-1, Zinedine Zidane se elevó y martilló el balón con la cabeza. Parecía ser un clásico cabezazo de Zidane que le daría la ventaja a Francia, pero Buffon se lanzó y empujó el balón por encima del travesaño. Ese fue solo fue el principio de un partido extraordinario: Zidane se iría expulsado en tiempos extra y Buffon sería el héroe de la tanda de penales que le daría el título a Italia.

1. **GORDON BANKS**, INGLATERRA VS. BRASIL, 1970, FASE DE GRUPOS

No fue en una final, pero Pelé estuvo involucrado, así que esta atajada se ha ganado un lugar en la historia del fútbol como la mejor de todos los tiempos. El campeón defensor, Inglaterra, se enfrentaba al avasallador talento de Brasil. Pelé se elevó por los aires y picó el balón con un cabezazo hacia la red. El arquero inglés, Banks, se lanzó hacia atrás y hacia abajo y sacó el balón con un puñetazo. Tanto Pelé como el público quedaron atónitos, aunque Pelé vencería a Banks en el minuto 59, y después conquistaría ese Mundial.

▶ ▶ ▶ *TIEMPOS EXTRA*

LO MÁS DESTACADO
DE LAS COPAS DEL MUNDO

L a Copa del Mundo es el evento deportivo más grande del planeta. Si quieres debatirlo, tendrás que hacerlo con los millones —miles de millones— de personas que están de acuerdo conmigo.

El evento ocurre cada cuatro años, lo que no hace más que incrementar las expectativas. Es la mayor exhibición del deporte más apasionante del mundo. La Copa del Mundo casi siempre está llena de sorpresas e intrigas políticas. Y todo el planeta está atento a cada momento.

Los Juegos Olímpicos son especiales también: hay más países involucrados, más atletas reunidos para un evento pacífico y enorme y, ya que también ocurren cada cuatro años, son más que esperados. Pero la Copa del Mundo es distinta porque allí todos juegan el mismo deporte. *El* deporte que se practica en todo el mundo. Los equipos que han clasificado ya han luchado bastante por llegar a la máxima competencia.

No hay otro evento igual.

Aún si quisieras argumentar que hay un mejor evento deportivo en algún lugar, hay algo que no se puede discutir: la Copa del Mundo es el evento deportivo más *popular* que existe. Ese es un hecho. En 2018, aproximadamente 3.5 mil millones de personas vieron la Copa del Mundo, más de la mitad de la población total del planeta. Se estima que 1.2 mil millones de personas vieron la final entre Francia y Croacia, 200 millones más que cuatro años antes, durante la final entre Alemania y Argentina. ¿Cuántas personas verán el Mundial de 2022, a la espera del siguiente capítulo en la historia del fútbol mundial?

Mientras pensamos en el futuro, ¿por qué no le echamos un vistazo al pasado? Este es un pequeño repaso a la historia de las primeras 21 copas del mundo.

1. 1930, URUGUAY / GANADOR: URUGUAY

La primera Copa del Mundo se concertó en 1928, gracias al éxito del torneo olímpico en 1924, durante el cual los organizadores se percataron del entusiasmo que había por un torneo internacional. Pero los Juegos Olímpicos estaban abiertos solo a jugadores amateur, y las grandes estrellas profesionales no tuvieron otra opción que mirar desde casa cómo se coronaba al campeón. Los organizadores de la FIFA tenían una idea distinta: querían incluir a los futbolistas profesionales para coronar al verdadero campeón del mundo. Algunos países, Inglaterra siendo el más importante de ellos, se opusieron al profesionalismo en la Copa del Mundo y se negaron a participar en la primera edición del torneo.

Uruguay, un pequeño país sudamericano con una gran tradición futbolística y el campeón del campeonato Olímpico en 1924 (y de nuevo en 1928, unos días después de que se les concediera la localía en la Copa del Mundo), fue nombrado la sede del primer torneo. Pero esa decisión enfureció a varias naciones europeas que tenían la esperanza de albergar el mundial, y decidieron no asistir. Solo cuatro selecciones europeas —Bélgica, Francia, Rumania y Yugoslavia— hicieron el largo viaje hasta Sudamérica.

El grupo de trece equipos estaba cargado del lado de Sudamérica, con siete países de la región, solo cuatro europeos, y Estados Unidos y México. No hubo una eliminatoria para el torneo y, con tan pocas naciones futbolísticas en la competencia, Estados Unidos tuvo el camino más fácil que nunca. El variopinto equipo estadounidense venció a Bélgica y a Paraguay con marcadores idénticos de 3-0. En el partido frente a Paraguay, el joven estadounidense de veinte años, Bert Patenaude, anotó el primer triplete en la historia de las copas del mundo, aunque pasaron casi setenta años para que su hazaña fuera reconocida de forma oficial.

Estados Unidos cayó 6-1 frente a Argentina en las semifinales, y terminó en el tercer lugar del torneo, la mejor clasificación que ha obtenido un equipo estadounidense en un mundial; aunque es un resultado que suele tener un asterisco, pues la Copa del Mundo de 1930 fue un torneo muy inusual con muy pocos participantes.

Frente a 68,346 personas, Uruguay venció a Argentina 4-2 en la final, suceso que dio lugar al comienzo de la imagen tradicional del equipo local alzando el trofeo. En seis de las 21 copas del mundo, el anfitrión ha ganado el torneo.

2. 1934, ITALIA / GANADOR: ITALIA

Como sucedió con todas las primeras copas del mundo, se sabe poco sobre los partidos del segundo Mundial, salvo por los reportes de los medios que lo cubrieron. En Italia, donde el fascista Benito Mussolini había llegado al poder, los medios locales estaban bajo el control del Estado, así que hubo aun menos transparencia sobre el desarrollo del evento.

Mussolini entendía el poder de los deportes para unificar a un país y esparcir propaganda. Usó la Copa del Mundo de 1934 para publicitar sus creencias fascistas al resto del mundo. El cartel del evento mostraba a un jugador con el brazo estirado, como en un saludo fascista. Todo lo relacionado con el torneo se describió de forma oficial como "glorioso". Sin embargo, durante la Copa del Mundo —aún con el control de los medios— comenzaron a surgir dudas sobre el arbitraje y si habría justicia en los partidos.

Uruguay, el campeón defensor, boicoteó el evento en respuesta al boicot de Italia y otros países europeos que no habían participado del mundial cuatro años antes. Así, el país sudamericano se convirtió en la única selección en la historia en no defender su título. Mientras tanto, Inglaterra y los demás países británicos continuaban en disputa con la FIFA en torno al amateurismo versus el profesionalismo en la Copa del Mundo.

Hubo 16 equipos en la competencia. Todos los partidos fueron de eliminación directa; ya que fueron tan pocos los equipos que asistieron, no hubo necesidad de una fase de grupos, como se hace hoy en día. Los únicos equipos no europeos fueron Estados Unidos, Egipto, Brasil y Argentina. Italia eliminó a Estados Unidos de inmediato con un marcador de 7-1. Por segundo Mundial consecutivo, el equipo local salió victorioso. Italia derrotó 2-1 a Checoslovaquia en la final.

3. 1938, FRANCIA / GANADOR: ITALIA

La política siguió imperando sobre el deporte en la tercera Copa del Mundo, la última antes de que el evento se suspendiera a causa de la Segunda Guerra Mundial. Los organizadores decidieron mantener el torneo en Europa, a pesar de la amenaza de la guerra. Argentina había solicitado ser la sede y, furiosa por no obtenerlo, decidió no asistir al torneo. Una vez más, Uruguay tampoco se presentó. Los únicos equipos no europeos en la competencia fueron Brasil y Cuba; de hecho, ha sido la única Copa del Mundo en la que Cuba ha participado hasta el día de hoy. Para decepción de muchos, Estados Unidos no logró clasificarse.

Austria no participó, pues para entonces, la Alemania de Hitler ya había anexado al país. España tampoco participó, pues estaba sumida en una Guerra Civil. Aunque Adolf Hitler esperaba usar la Copa del Mundo para mostrar la dominancia nazi, Suiza eliminó a la selección alemana.

La estrella del torneo fue el equipo brasileño, que viajó a Europa por primera vez y maravilló a los aficionados europeos. Leónidas da Silva, llamado el padre del fútbol brasileño, anotó siete goles en el torneo. Pero Brasil cayó en semifinales frente a Italia, equipo que después derrotaría a Hungría en la final. La Azzurra se convirtió en el primer equipo no anfitrión en ganar la Copa del Mundo, además del primer equipo en ganar títulos consecutivos.

4. 1950, BRASIL / GANADOR: URUGUAY

La Copa del Mundo volvió tras una pausa de doce años provocada por la Segunda Guerra Mundial. En muchos sentidos, se la podría considerar la primera Copa del Mundo "de verdad", pues el mundo después de la guerra era más apto para los viajes trasatlánticos y ya no había un conflicto bélico a gran escala.

Aun así, solo trece equipos participaron. Francia se retiró de la competencia por conflictos de calendario. Argentina, Escocia, Turquía e India también rechazaron la invitación. Alemania y Japón fueron excluidos por su participación en la guerra. Inglaterra participó por primera vez y era la selección favorita, pero fue eliminada de forma sorprendente, cayendo frente a un variopinto equipo de amateurs estadounidenses con un marcador 1-0.

Brasil había construido el estadio más grande del mundo para el evento, el Maracaná en Río de Janeiro, y el país estaba preparado para su coronación futbolística. Brasil era el gran favorito para alzar la copa, y 199,854 aficionados asistieron a la final, una cantidad récord. Los brasileños estaban tan seguros de que su equipo ganaría que el gobierno ya tenía un discurso de victoria preparado y los periódicos ya habían impreso ediciones en las que declaraban ganadora a su selección. Sin embargo, en la final Uruguay sorprendió al local; ganó 2-1 y le rompió le corazón a un país entero, incluido un pequeñín llamado Pelé.

Aquella derrota es conocida como "el Maracanazo", en honor al tamaño de la sorpresa y del estadio. La selección brasileña comenzó a usar camisetas amarillas tras ese partido para evitar usar la camiseta blanca que vistió ese día.

Mientras tanto, tras cuatro copas del mundo, Uruguay e Italia ya habían conquistado dos torneos cada uno.

5. 1954, SUIZA / GANADOR: ALEMANIA OCCIDENTAL

Suiza fue designada sede del Mundial del 1954 ocho años antes de que se disputara, pues gran parte de Europa seguía recuperándose de la devastación de la guerra, mientras que Suiza, neutral en el conflicto, estaba en mejores condiciones. El torneo fue el primero en ser transmitido por televisión. Fue la Copa del Mundo con más goles en la historia: 140 anotaciones en 26 partidos.

Hungría llegó a la competencia como una potencia mundial. Después de ser campeones olímpicos en 1952, los húngaros se presentaron en la Copa del Mundo con una racha de 23 victorias y cuatro empates en los cuatro años anteriores, incluyendo una paliza 6-3 a Inglaterra en Wembley, la primera vez que un visitante ganaba en "La Catedral". La estrella del equipo era la máquina goleadora Ferenc Puskás.

Hungría llegó a la final, que se disputó en un empapado estadio en la ciudad de Berna. Ahí se encontró con Alemania Occidental (tras la Segunda Guerra Mundial, Alemania estuvo dividida en dos países por un tiempo), un equipo de quien se esperaba poco en el torneo, y mucho menos frente a Hungría, que los había aplastado 8-3 en la fase de grupos. Hungría se adelantó en el marcador por 2-0 en los primeros ocho minutos; Puskás anotó ambos tantos. Alemania Occidental estaba al borde del desastre. Pero para el decimoctavo minuto había logrado empatar de forma milagrosa. Después de que se anotaran cuatro goles en los primeros 18 minutos, las porterías se mantuvieron intactas los siguientes 66, hasta el minuto 84, cuando el delantero alemán Helmut Rahn marcó el gol de la victoria, su segunda anotación del encuentro, ganándose un lugar en la historia del fútbol.

El triunfo mejoró el ánimo de una nación dañada por la guerra, y se lo suele considerar un punto de inflexión para la Alemania moderna. También resultó ser una inspiración para futuras generaciones de jugadores alemanes, como el joven Franz Beckenbauer.

6. 1958, SUECIA / GANADOR: BRASIL

Del otro lado del mundo, en un país nórdico alejado de su tierra en el sur, el más grande jugador de todos los tiempos tuvo su revelación en la Copa del Mundo de 1958.

A los 17 años, el joven Pelé convirtió al Mundial disputado en Suecia en su escenario personal y llevó a Brasil a la cima del mundo. Lo acompañó otro atacante fenomenal, Garrincha, y juntos crearon un estilo hermoso y fluido de fútbol.

En los cuartos de final, Pelé comenzó a acaparar la atención, anotando el único gol con que vencieron a Gales 1-0. Luego le anotó un triplete a un talentoso equipo francés para llevar a Brasil a la final, donde intentaría redimir la derrota de ocho años atrás.

A pesar de que Suecia se adelantó en los primeros minutos de la final y ejerció presión mental sobre los brasileños, Pelé y sus compañeros remontaron el resultado muy pronto. Pelé hizo dos anotaciones en lo que terminaría siendo una goliza de 5-2. Brasil por fin conquistó el campeonato del mundo y empezó lo que sería una larga etapa de dominio del fútbol mundial.

7. 1962, CHILE / GANADOR: BRASIL

Chile hospedó la Copa del Mundo de 1962, a pesar de que dos años antes del evento el país hubiera sufrido un devastador terremoto que causó severos daños y mató a miles de personas. Aun así, el Mundial se desarrolló sin problemas.

Si Brasil no hubiera cimentado su posición como el mejor equipo del mundo, el torneo de 1962 habría sido recordado por sus partidos feos y violentos. Uno de ellos fue llamado "la Batalla de Santiago", un encuentro entre Chile e Italia lleno de peleas.

La Copa del Mundo pareció dar un giro inesperado cuando Pelé cayó con una lesión en la ingle en su segundo partido. Fue un golpe enorme para Brasil; Pelé tenía apenas 21 años y se esperaba que fuera aún mejor que cuatro años antes. Pero se perdió el resto del torneo.

Garrincha, el gran compañero de Pelé, se echó el equipo al hombro y llevó a Brasil a su segunda final de Copa del Mundo consecutiva. Garrincha era uno de los nueve jugadores que se mantuvieron en el equipo tras el campeonato de 1958.

Brasil venció a Checoslovaquia por 3-1 en la final; uno de los goles lo anotó el reemplazo de Pelé, Amarildo.

Imagínalo: un equipo pierde a su superestrella, una leyenda, el mejor jugador de todos los tiempos, y aun así gana el campeonato. Así de vasta y talentosa era la plantilla de Brasil.

8. 1966, INGLATERRA / GANADOR: INGLATERRA

Dieciséis años después de que Inglaterra al fin decidiera jugar en la Copa del Mundo, la isla se convirtió en la sede del evento. Y se convirtió en la tercera selección local en levantar la copa.

Los enloquecidos aficionados del fútbol recibieron el torneo con entusiasmo e impusieron un récord de asistencia que se mantuvo hasta 1994.

Brasil esperaba ganar un tercer título consecutivo, un logro sin precedentes, y era el equipo favorito. El equipo estaba conformado por dos generaciones: los campeones originales de 1958 y los nuevos. Además, Brasil tenía a Pelé, de tan solo 25 años, en el mejor momento de su carrera.

Sin embargo, durante su primer partido frente a Bulgaria, Pelé volvió a salir lesionado. Esa fue la última vez que Pelé y Garrincha jugarían juntos. Pelé tuvo que perderse el siguiente partido, contra Hungría, en el que Brasil salió derrotado. Volvió a jugar contra Portugal, pero la defensa lusa se concentró en él y se dedicó a golpearlo. La selección brasileña, para sorpresa del mundo entero, quedó eliminada en la fase de grupos. Tras el torneo, Pelé anunció que no jugaría otra Copa del Mundo.

Antes de llegar a la final en casa, Inglaterra derrotó a Argentina y Portugal. El jugador estrella y capitán del equipo, Bobby Charlton, anotó los dos tantos en la semifinal que llevaron a su equipo a enfrentarse a Alemania Occidental en el encuentro final. En ese emocionante partido, el delantero inglés Geoff Hurst anotó un triplete que incluyó uno de los goles más controversiales de la historia, y que puso a Inglaterra en la delantera en los tiempos extra: el balón rebotó en el travesaño y cayó al suelo, lo que desató el debate sobre si de verdad había cruzado la línea.

Hurst anotó un gol más en el minuto 120, para la tranquilidad de su equipo, aunque no dio por termi-

nado el debate que —como todas las grandes controversias en los mundiales— continuó durante décadas.

9. 1970, MÉXICO / GANADOR: BRASIL

Para 1970, había televisiones en casi todo el mundo, el
planeta se sentía más pequeño con el incremento de
los viajes internacionales y todas las personas sobre la
faz de la Tierra sabían quién era Pelé. En ese sentido, la
Copa del Mundo de 1970 bien pudo haber sido el primer torneo genuinamente mundial.

El evento reunió a una de las aficiones más apa-
sionadas, la mexicana, con el equipo más atractivo de
todos: Brasil. La unión dio como resultado un torneo
colorido y emocionante que convenció a millones de
que la Copa del Mundo era un evento único e imperdi-
ble. Pero las nuevas audiencias televisivas también generaron preocupaciones: el calor y la altitud en México
eran un problema, pero a causa de las diferencias de
horarios los partidos se jugaron a mediodía para satis-
facer a las audiencias europeas.

Pelé, frustrado por las constantes agresiones y la
falta de protección de los árbitros en general, había

dicho que no volvería a jugar un mundial. Sin embargo regresó esta vez, a los 29 años, en busca de una última oportunidad para alcanzar la gloria.

En el torneo también participó un joven Franz Beckenbauer al lado del gran goleador alemán Gerd Müller. Ambas estrellas competirían con Pelé por el título del mejor jugador del mundo.

Brasil pasó sin problemas por la fase de grupos, con una victoria de 1-0 sobre el campeón defensor, Inglaterra. En las semifinales, los brasileños exorcizaron sus demonios de 1950 y derrotaron a Uruguay por 3-1. En la otra semifinal, Italia venció a Alemania en el que se conoce como "el partido del siglo", pues Beckenbauer jugó el encuentro con el brazo en un cabestrillo tras dislocarse el hombro.

En el último partido, entre las únicas dos selecciones que habían ganado copas del mundo consecutivas, Brasil derrotó a Italia 4-1. Fue el tercer título en cuatro ediciones del Mundial para Brasil, un periodo de dominio sin precedentes.

Pelé, en la que sí terminó siendo su última Copa del Mundo, anotó en el minuto 18 del partido. A lo largo de su carrera mundialista, ayudó a que el torneo pasara de ser un evento interesante a convertirse en un fenómeno global.

10. 1974, ALEMANIA OCCIDENTAL / GANADOR: ALEMANIA OCCIDENTAL

Los alemanes albergaron la Copa del Mundo de 1974 y ganaron la Copa del Mundo de 1974. Pero ese torneo suele ser recordado por el hombre que encabezaba al equipo que terminó en segundo lugar, el holandés Johan Cruyff.

Cruyff llenó el hueco dejado por Pelé y se consagró como el mejor jugador del planeta. Los holandeses no habían asistido a un Mundial desde 1934, pero eso no fue obstáculo para que se convirtieran en uno de los favoritos. Jugaban con un estilo conocido como "Fútbol Total" y eran entrenados por Rinus Michels, quien llevaría después su filosofía al Barcelona y ayudaría a la creación de toda una nueva generación de estrellas del deporte.

Su estilo de juego era tan distinto y magistral que Carlos Alberto, el capitán de la selección brasileña en la Copa del Mundo de 1970, dijo una vez: "El único equipo que en verdad he visto hacer cosas diferentes fue Holanda en el '74 en Alemania. Desde entonces, todo me ha parecido más o menos lo mismo... Su estilo de juego de 'carrusel' era increíble y fue muy bueno para el deporte".

Había preocupaciones sobre la sede del torneo, pues dos años antes se había suscitado un ataque terrorista durante los Juegos Olímpicos de Múnich. Eso elevó las tensiones, al igual que la clasificación de Alemania Oriental. El emotivo encuentro entre los dos equipos alemanes contó con un fuerte dispositivo de seguridad. Alemania Oriental sorprendió a la más poderosa selección de Alemania Occidental con una victoria 1-0.

Fue un Mundial marcado por preocupaciones modernas. Algunos equipos tuvieron disputas salariales. Los patrocinios y contratos comerciales se convirtieron en obstáculos: Cruyff se negó a usar el uniforme Adidas de su equipo porque él tenía un contrato con Puma, y la federación de Holanda tuvo que fabricar un uniforme especial para él, con dos franjas en los brazos en lugar de tres.

Holanda, el equipo novato en la competencia, avanzó sin complicaciones por el torneo, una contundente hazaña para un equipo debutante. Sin embargo, cuando la escuadra naranja se enfrentó a Alemania Occidental en la final, la defensa germánica nulificó a Cruyff y ganó el partido 2-1. Era la cuarta vez que el equipo local ganaba el campeonato.

Pero la leyenda de Cruyff vive hasta el día de hoy.

11. 1978, ARGENTINA / GANADOR: ARGENTINA

Como había sucedido en copas del mundo anteriores, la política desempeñó un papel muy importante en el mundial de 1978. El anfitrión, Argentina, había vivido un golpe militar dos años antes del evento, mucho después de que se definiera la sede. El país estaba hecho trizas; había ciudadanos desaparecidos, miles habían sido arrestados, y hubo sonados asesinatos y violaciones a los derechos humanos.

Pero el torneo se jugó según lo planeado. Aunque hubo acusaciones de corrupción dentro y fuera del campo, la competencia fue cautivante.

Las superestrellas pasadas y futuras del juego no estuvieron presentes. Johan Cruyff se retiró de las competencias internacionales de forma abrupta antes del Mundial. Algunos pensaron que se debió a sus firmes opiniones sobre la situación política de Argentina, pero tres décadas después se supo que la familia de Cruyff había recibido amenazas de secuestros, y él temía que algo sucediera si no estaba en casa. El entrenador argentino tomó la controversial decisión de dejar fuera de la convocatoria a la futura superestrella del fútbol, Diego Armando Maradona, argumentando que el jugador de 17 años era demasiado joven.

A pesar de las ausencias, Holanda y Argentina se encontraron en la final, la primera final en 20 años con dos equipos que nunca habían ganado el título.

Una vez más, la selección local alzó la copa: Argentina derrotó a Holanda 3-1.

12. 1982, ESPAÑA / GANADOR: ITALIA

La Copa del Mundo de 1982 fue un torneo incluyente: había pasado de ser un evento para 16 equipos a uno de 24, en un esfuerzo por abrirles las puertas de la fiesta a más países. Equipos como Argelia, Camerún, Nueva Zelanda, Honduras y Kuwait participaron por primera vez en el mundial. Sin embargo, algunos equipos notables no lograron clasificarse: Holanda, México y Suecia. Aunque Maradona hizo su debut en copas del mundo,

Argentina quedó eliminada en la segunda fase de grupos del torneo.

Con el formato de dos fases de grupos, nadie podría haber anticipado quién sería el campeón. Mientras Brasil e Inglaterra parecían ser los equipos dominantes, Italia no ganó un solo partido en la fase de grupos, sino que empató tres veces. Pero la lección de 1982 fue que lo más importante era avanzar y lo demás se resolvería después.

En la final se encontraron dos equipos sólidos: Italia —que había logrado avanzar pese a su tibio desempeño en la fase de grupos— y Alemania Occidental. Los alemanes habían avanzado tras derrotar a la talentosa selección de Francia —liderada por Michel Platini— en la tanda de penales. La estrella italiana fue Paolo Rossi, quien anotó su sexto gol del torneo en la victoria 3-1 para conseguir el título.

13. 1986, MÉXICO / GANADOR: ARGENTINA

El escenario de la Copa del Mundo de 1986 fue México, pero la estrella fue un argentino de apellido Maradona, quien dominó el torneo de principio a fin.

El torneo estaba programado para llevarse a cabo en Colombia, pero los problemas económicos del país hicieron que fuera trasladado —con solo tres años de anticipación— a México, dieciséis años después de que este país albergara el mundial por primera vez. México logró organizar el evento, a pesar de haber sufrido un enorme terremoto solo ocho meses antes del primer partido.

El talento de Maradona es lo más recordado de la competencia. En el partido por los cuartos de final frente a Inglaterra —el primer encuentro deportivo entre las dos naciones tras la Guerra de las Malvinas en 1982—, Maradona hizo historia.

Primero anotó la controversial "mano de Dios" al disputar el balón con el arquero en el área y empujar la pelota al fondo de la red con la mano izquierda. Inglaterra protestó, pero el árbitro validó el gol; Maradona luego le daría el famoso nombre a aquel gol. Unos cuantos minutos después, Maradona anotó el que ha sido llamado el "Gol del Siglo", con un recorrido de nueve toques hacia la portería que incluyó cinco recortes y un giro de ciento ochena grados que dejó atónito a todo el equipo inglés.

En las semifinales, Maradona volvió a anotar dos

goles en la victoria 2-0 contra Bélgica. Aunque no anotó en la final ante Alemania Occidental, su presencia cambió el desarrollo del juego. Argentina ganó 3-2, y en ese torneo se coronó también al nuevo "mejor jugador del mundo".

14. 1990, ITALIA / GANADOR: ALEMANIA OCCIDENTAL

Las reseñas de la Copa del Mundo de 1990 fueron casi todas malas: el torneo se distinguió por el juego defensivo, con entrenadores que intentaban no perder en vez de atacar para ganar. Fue la Copa del Mundo con menor cantidad de anotaciones en la historia.

No eran noticias alentadoras para los organizadores del Mundial en Estados Unidos, quienes recibirían el siguiente torneo y esperaban que un juego deslumbrante convenciera al público estadounidense de que el fútbol era emocionante. Pero la buena noticia fue que, más allá del bajo nivel de juego, ese Mundial tuvo la mayor cantidad de espectadores televisivos de la historia hasta el momento. Más buenas noticias: Estados Unidos se clasificó para el torneo por primera vez desde 1950.

Pero la presencia de Estados Unidos duró poco. Checoslovaquia los derrotó 5-1 en el partido apertura, y perdieron también en los dos encuentros siguientes. Equipos que acostumbraban jugar un fútbol abierto y ofensivo, como Brasil y Argentina, también jugaron con un estilo defensivo. El campeón defensor, Argentina, perdió su primer partido contra Camerún.

El anfitrión, Italia, cayó en semifinales ante Argentina, haciendo lugar a una reedición de la final de 1986. Alemania Occidental —en la última vez que jugaría como un país separado antes de la reunificación— obtuvo su revancha, imponiéndose ante Argentina 1-0. Conforme a cómo venía desarrollándose el torneo, el único gol de la final fue un penal. Franz Beckenbauer, quien había ganado la Copa del Mundo como jugador, volvió a obtener el trofeo como entrenador de su selección.

15. 1994, ESTADOS UNIDOS / GANADOR: BRASIL

Cuando se eligió a Estados Unidos como sede de la Copa Mundial, gran parte del mundo del fútbol se horrorizó. En 1988, año en que se tomó aquella decisión, la selección estadounidense no había clasificado para ninguna Copa del Mundo de la era moderna (aunque lo haría en 1990). Mientras que todo el planeta llamaba al deporte *fútbol*, los estadounidenses le decían *soccer* y pensaban que era algo que solo jugaban los niños. Conocían a Pelé, pues había jugado en el New York Cosmos, pero eso era todo lo que sabían: la mayoría de la gente apenas conocía las reglas.

Pero la FIFA veía allí un enorme mercado sin explotar y una forma de extender el deporte más allá de sus bastiones en Europa y Sudamérica. Además, Estados Unidos tenía estadios gigantescos y sabía promover eventos deportivos. Parte del acuerdo era que después del torneo se lanzaría una liga profesional en el país, y así es como nació la Major League Soccer.

Fue la última Copa del Mundo con 24 equipos, antes de que se ampliara a 32 en la edición siguiente. Los partidos se disputaron en nueve ciudades y, dado el tamaño del país, hubo preocupaciones sobre las largas distancias que algunos equipos tendrían que recorrer entre partidos.

Todos los estadios tenían una capacidad para al menos 57,000 personas, y la asistencia al torneo fue de casi 3.6 millones de personas, un récord que sigue vigente.

Estados Unidos calificó de forma automática al ser el equipo anfitrión, pero aun así dio unas cuantas sorpresas tempranas. Los estadounidenses empataron con Suiza en el partido apertura. El segundo encuentro también trajo sorpresas, al igual que tragedia. El defensor colombiano Andrés Escobar anotó un autogol y le dio una ventaja a Estados Unidos que derivaría en el triunfo y un lugar en la segunda ronda. Fue la primera victoria estadounidense en copas del mundo desde 1950. Pero Escobar fue asesinado al volver a Colombia, y se sospecha que fue por su error dentro del campo.

El equipo de Estados Unidos pasó a octavos de final y se enfrentó a Brasil el 4 de julio en Stanford. Fue una batalla defensiva y poco atractiva. El mediocampista estadounidense Tab Ramos recibió un codazo del brasileño Leonardo que le fracturó el cráneo. Leonardo fue expulsado. Pero, a pesar de que la selección estadounidense tuvo la ventaja de un jugador más que el equipo rival durante el segundo tiempo, Brasil ganó 1-0.

El torneo también marcó el final de la carrera de Diego Armando Maradona. Se lo envió de regreso a su país, envuelto en vergüenza tras dar positivo en una prueba antidopaje. Arabia Saudita fue uno de los equipos sorpresa al llegar a la segunda ronda. En otro resultado inesperado, Bulgaria alcanzó las semifinales tras eliminar a Alemania.

La final fue justo el tipo de partido que los promotores del torneo temían, pues Italia y Brasil terminaron los 90 minutos de tiempo reglamentario y los 30 minutos de tiempo extra sin anotar un solo gol, llegando así a la tanda de penales. Fue la primera vez que la Copa del Mundo se decidía desde los once pasos. Brasil ganó 3-2 cuando la estrella italiana Roberto Baggio voló su disparo por encima del travesaño. Era el cuarto título para Brasil.

16. 1998, FRANCIA / GANADOR: FRANCIA

La Copa del Mundo volvió a expandirse en 1998, esta vez a 32 equipos, en un nuevo intento por incluir a más países. Más allá del cambio, el tema recurrente en los mundiales volvió a presentarse: el anfitrión ganó. Sin embargo, es posible que Francia haya sido el campeón local más improbable de todos.

Brasil llegó al torneo como el gran favorito para

defender su título. La talentosa selección había sumado a su alineación a Ronaldo, considerado el mejor jugador del mundo. Pero el camino a la final no fue fácil para Brasil, pues perdió contra Noruega en la fase de grupos.

Entre los partidos más fascinantes de 1998 estuvo otra emotiva batalla entre Argentina e Inglaterra, doce años después de la "mano de Dios". Durante el partido en Saint-Étienne, la joven estrella inglesa David Beckham fue expulsado por patear a un jugador argentino. Argentina ganó por penales. Irán jugó contra Estados Unidos, un partido que se esperaba estuviera marcado por la hostilidad entre ambas naciones. El ayatolá iraní incluso les prohibió a sus jugadores darles la mano a los estadounidenses en la ceremonia protocolaria. Sin embargo, a pesar de las expectativas, los iranís en las gradas aprovecharon el encuentro para protestar contra su propio gobierno, y el equipo triunfó. Los estadounidenses volvieron a tener una temporada sin éxito en la Copa del Mundo; perdieron sus tres partidos y terminaron en último lugar de entre 32 equipos.

La selección francesa capturó la atención de su país con un plantel multicultural. Francia cobró impulso conforme avanzaba en el torneo, liderada por el talentoso mediocampista Zinedine Zidane, de ascendencia argelina. Pero cuando Francia alcanzó la final, Les Bleus parecían tener muy pocas posibilidades de ganar ante Brasil.

Sin embargo, el día del partido, Ronaldo tuvo convulsiones y fue borrado de la alineación. Luego, poco antes del inicio del encuentro, volvió a la oncena titular. El extraño incidente creó una enorme confusión y produjo descabelladas teorías conspirativas. Ronaldo participó, pero no fue ni la sombra del jugador que había dominado todo el torneo. En cambio, la estrella del evento fue Zidane, quien anotó dos cabezazos y guio a Francia a una victoria de 3-0. Después del partido, más de un millón de aficionados inundaron las calles de París para celebrar.

17. 2002, COREA-JAPÓN / GANADOR: BRASIL

La primera Copa del Mundo llevada a cabo en Asia fue también la primera en tener de anfitrión a dos países. La sede del torneo creó un nuevo problema para los aficionados al fútbol alrededor del mundo pues —para muchos de los aficionados en Europa y las Américas—los partidos tenían lugar a medianoche y en la madrugada debido a la diferencia horaria.

El torneo trajo consigo varias sorpresas y triunfos inesperados, incluido el destino de los dos anfitriones. Japón avanzó a la segunda ronda por primera vez en su historia, y Corea del Sur llegó hasta las semifinales antes de caer frente a Alemania. Senegal y Turquía desafiaron los pronósticos y se encontraron en cuartos de final. Los estadounidenses también tuvieron un torneo sorprendente: de la mano de su joven estrella Landon Donovan, avanzaron hasta cuartos de final por primera vez en la era moderna, tras vencer a México en octavos de final. Luego cayeron ante Alemania 1-0.

Entre las derrotas sorprendentes estuvieron tanto el campeón defensor, Francia, como la constante superpotencia Argentina, que quedaron eliminados en la fase de grupos.

Al final, fueron los dos equipos más poderosos los que se enfrentaron en la final. Brasil venció a Alemania 2-0, concluyendo el camino hacia la redención de Ronaldo, quien venció sus demonios del torneo de 1998 para convertirse en campeón del mundo. Esa victoria significó el quinto mundial para Brasil.

18. 2006, ALEMANIA / GANADOR: ITALIA

Ca-be-za-zo. Dile esa palabra a cualquier aficionado al fútbol y sabrá a qué Copa del Mundo te refieres: el Mundial de 2006 en Alemania.

Alemania albergó su primer campeonato mundial desde la reunificación y el torneo fue un éxito total. Un eficiente sistema ferroviario llevaba a los aficionados de partido en partido, y las enormes reuniones en plazas públicas con pantallas gigantes, conocidas como "fan miles", crearon un ambiente festivo, además de que el fútbol jugado fue de la más alta calidad. La selección alemana, dirigida por el exjugador Jürgen Klinsmann, era un equipo que despertaba gran emoción, y muchos alemanes dijeron sentir algo de orgullo nacional por primera vez desde la reunificación del país.

Si bien hubo sorpresas —como el pase a segunda ronda de Australia, Ecuador y Ucrania—, varias de las potencias tradicionales avanzaron y se produjeron intrigantes partidos en la ronda de eliminación directa, como Argentina vs. México, España vs. Francia y Portugal vs. Inglaterra.

La selección anfitriona, Alemania, quedó eliminada en semifinales a manos de Italia, y Francia superó a la selección de Portugal, un equipo liderado por el joven talento Cristiano Ronaldo. Italia y Francia se enfrentaron en la final, y se esperaba que el equipo franco llevara la ventaja. Les Bleus se adelantaron en el marcador con un penal cobrado por Zinedine Zidane. Pero Italia empató con un disparo de Marco Materazzi. El partido se convirtió en una batalla defensiva que se extendió a tiempo extra.

Cerca del final de los tiempos extra, Zidane se dio vuelta y le dio un cabezazo en el pecho a Materazzi, en respuesta a una serie de insultos por parte del italiano. Zidane fue expulsado. Pero nadie anotó en los tiempos extra y el partido se extendió hasta la tanda de penales. Italia se impuso y sorprendió con la victoria.

Los italianos ganaron el trofeo, pero la imagen que perdurará en la mente de los aficionados será la del cabezazo de Zidane.

19. 2010, SUDÁFRICA / GANADOR: ESPAÑA

Durante años, el mundo había esperado que el talentoso equipo español alzara una Copa del Mundo. La espera terminó en Sudáfrica. El equipo que había conquistado la Eurocopa de 2008 por fin dio el salto en el torneo más grande del mundo.

El Mundial volvió a aventurarse a un nuevo continente: África. Había dudas sobre si los estadios estarían listos a tiempo, y preocupaciones por las tasas delictivas en Sudáfrica, pero todo fluyó durante el evento. Lo que no hizo el torneo en tierras africanas fue darles un impulso a los equipos del continente. Solo Ghana logró avanzar a la segunda ronda, donde eliminó a Estados Unidos, que había logrado salir de la fase de grupos tras un dramático gol de Landon Donovan en los últimos segundos del último partido, ante Argelia.

Alemania llegó a semifinales, donde el equipo dio muestras de la excelencia que desplegaría cuatro años más tarde. Uruguay también alcanzó las semifinles y con eso demostró que era un equipo que no solo tenía un pasado mundialista, sino un presente también.

El partido definitivo entre Holanda y España fue un encuentro ansiado por los historiadores del fútbol: dos equipos con pasados entrelazados por el estilo de juego, como una especie de hermandad. Siete de los once titulares de España jugaban en el Barcelona, el club que había perfeccionado la filosofía del tiki-taka originada en Holanda con Johan Cruyff.

Sin embargo, en realidad, no fue un encuentro bello. Los holandeses plantearon un partido físico, interrumpiendo el flujo de juego de sus oponentes. El partido vio 14 tarjetas amarillas, nueve para los holandeses y cinco para los españoles. Un jugador holandés se fue expulsado, y otro debió haber recibido una tarjeta roja tras darle una violenta patada en el pecho al español Xabi Alonso. Por fin, en el minuto 116, el brillante mediocampista español Andrés Iniesta anotó el único gol del encuentro, y España se convirtió en la octava nación en ganar una Copa del Mundo.

20. 2014, BRASIL / GANADOR: ALEMANIA

La Copa del Mundo volvió a Brasil por primera vez desde el humillante Maracanazo. Muchos de los aficionados en el país devoto del fútbol estaban emocionados, pero también ansiosos: Brasil fue designado como sede en 2007, cuando la economía del país estaba en buenas condiciones. Pero para 2014, cuando se llevó a cabo el torneo, la economía se había debilitado bastante y surgieron cuestionamientos sobre la capacidad del país para albergar un evento de tal magnitud. Los manifestantes tomaron las calles. Eso sería un indicio de lo que ocurriría dos años después, en los juegos Olímpicos de Río de Janeiro.

Todos los equipos que alguna vez habían ganado una Copa del Mundo clasificaron al torneo. Pero los últimos dos campeones, España e Italia, quedaron eliminados en la fase de grupos. El equipo estadounidense, dirigido por la leyenda alemana Jürgen Klinsmann, superó la fase de grupos gracias a una victoria sobre Ghana y un empate con Portugal. Luego cayeron ante Bélgica, uno de los equipos favoritos del torneo.

Las esperanzas de Brasil de redimir la decepción de 1950 se apagaron abruptamente en las semifinales, donde la "Canarinha" fue humillada por Alemania, 7-1. Fue la peor derrota en la larga historia mundialista de Brasil, y quedó marcada en el alma de la nación, igual que la derrota que habían enfrentado 64 años antes. El marcador de "7-1" se convirtió en una expresión coloquial para expresar que algo había sido humillante.

La Argentina de Lionel Messi alcanzó la final por el otro lado de la llave, aunque Messi —quien había marcado cuatro goles en la fase de grupos— no anotó en los partidos de eliminación directa.

Al inicio de la final, parecía que Alemania había usado todos sus goles en la semifinal, pero, en el minuto 113 en los tiempos extra, el suplente de veintidós años Mario Götze empujó el balón para anotar el gol de la victoria.

Alemania ganó su cuarta Copa del Mundo, y el continente europeo se aferró al trofeo por tercer ciclo mundialista consecutivo.

21. 2018, RUSIA / GANADOR: FRANCIA

Antes de que comenzara la Copa del Mundo de 2018, la gran sorpresa fue la cantidad de equipos importantes que no habían conseguido clasificar para el torneo. Cuando terminó el campeonato en Rusia, de lo que se hablaba era de los nuevos equipos que se habían destacado.

Por segunda vez en la historia de las copas del mundo, el tetracampeón Italia no logró clasificarse. Tampoco consiguieron su pase al evento Holanda, que había sido finalista en 2010, y Estados Unidos, que no había faltado a ninguna Copa del Mundo desde 1990.

Una vez que comenzó la competencia en Rusia, hubo incluso más sorpresas. Una de ellas fue Alemania, que había dominado el deporte de camino a su título en 2014, pero que ahora, cuatro años más tarde, pareció un equipo viejo y poco efectivo, y no logró superar la fase de grupos. A Argentina, el rival de Alemania en la final de 2014, no le fue mucho mejor: el equipo de Lionel Messi cayó ante Francia en octavos de final. Otra de las sorpresas fue el equipo local: Rusia parecía tener una de las selecciones más débiles del torneo, que había ganado su lugar en la competencia solo por ser el anfitrión, pero los rusos lograron aprovechar el impulso de la afición local hasta los cuartos de final.

Los cuatro semifinalistas fueron todos sorpresa y generaron enormes expectativas. Inglaterra, que no había jugado un partido de semifinales desde 1990, encendió a sus hinchas con una gran campaña encabezada por Harry Kane. La "generación dorada" de Bélgica por fin cumplió con lo que se esperaba de ellos, con actuaciones maravillosas de Romelu Lukaku, Kevin DeBruyne y Eden Hazard.

Pero estaba claro que dos equipos eran mejores que los demás, y ambos llegaron a la final sobre los hombros de espectaculares actuaciones individuales: el asombroso mediocampista del Real Madrid Luka Modric llevó a Croacia más lejos de lo que el pequeño país había soñado jamás, y se llevó el trofeo al mejor jugador del torneo. Pero su equipo cayó ante una selección francesa piloteada por el adolescente Kylian Mbappé, quien, al llevar a Francia a su segunda victoria en un mundial, se ganó un lugar en la discusión sobre quién es el jugador más emocionante del planeta.

PRÓXIMAS COPAS DEL MUNDO

2022

Sede: Catar

Fechas: Del 21 de noviembre al 18 de diciembre de 2022

2026

Sede: Canadá, México y Estados Unidos

Fechas: Del 8 de junio al 11 de julio de 2026

► ► ► **PENALES**

LA NUEVA GENERACIÓN DE SUPERESTRELLAS

TIM WEAH, ESTADOS UNIDOS

. . . .

Antecedentes: El apellido Weah les es familiar a muchos aficionados al fútbol. El padre de Tim, George, es considerado uno de los mejores jugadores africanos de la historia. El delantero de Liberia recibió el premio al Jugador del Año de la FIFA en 1995 y ganó el Balón de Oro el mismo año (antes de que ambos premios se convirtieran en uno solo). Un año después, terminó en segundo lugar detrás de Ronaldo. Tuvo una exitosa carrera con París Saint-Germain, Mónaco y AC Milán, pero nunca logró ayudar a su propio país a convertirse en potencia. Su hijo nació en Brooklyn en el año 2000, y creció en Nueva York y Florida. Tim jugó con el club de su tío Michael en Queens, antes de sumarse a la Academia de Desarrollo de Red Bull. El antiguo club de su padre, PSG, lo vio y lo llevó a la academia del club. Para 2017 ya había firmado un contrato profesional y jugaba con el equipo Sub-19 del PSG, así como en las selecciones menores de Estados Unidos. Tras un préstamo de seis meses al Celtic escocés, fichó con el Lille francés en el verano de 2019.

Habilidades: Un atacante agresivo, ya sea como extremo o como centrodelantero. Velocidad deslumbrante y olfato goleador. Tim parece jugar con el desenfado y la valentía que caracterizaban a su padre.

Momento revelación: En octubre de 2017 Weah anotó un triplete ante Paraguay en la Copa del Mundo Sub-17, que llevó a Estados Unidos a los cuartos de final frente a Inglaterra. El partido se disputó apenas unos días después de que la selección mayor quedara eliminada de la Copa del Mundo, y le dio a la despechada afición un poco de esperanzas para el futuro. En cuestión de meses, Weah se había ganado ya un lugar en la selección mayor.

WESTON MCKENNIE, ESTADOS UNIDOS

Antecedentes: Aunque nació en Estados Unidos, McKennie pasó parte de su infancia en Alemania, donde su padre estaba apostado con el ejército. Comenzó a jugar fútbol y llamó la atención de sus entrenadores, quienes lo promovieron por encima de su categoría de edad. Jugó para el programa juvenil del FC Dallas y, aunque planeaba jugar para la Universidad de Virginia, optó por convertirse en profesional. Fichó con el FC Shalke 04 de la Bundesliga en 2016 y debutó con el equipo en 2017. Jugó con las selecciones menores de Estados Unidos y debutó con la selección mayor en 2017. Se espera que sea una pieza clave en el esfuerzo por clasificar a la Copa del Mundo de 2022.

Habilidades: Un mediocampista versátil, McKennie pasó de ser una presencia defensiva para convertirse en una más ofensiva. Pases cruzados inteligentes y bueno con la cabeza.

Momento revelación: McKennie anotó contra Portugal en su primer partido con la selección nacional.

CAMERON CARTER VICKERS, ESTADOS UNIDOS

Antecedentes: Cameron, nacido en 1997, creció en Inglaterra. Pero su padre es un exjugador de básquetbol estadounidense, por lo que representa a Estados Unidos. A los once años entró a la academia del Tottenham Hotspur de la Premier League. Debutó con el primer equipo en 2016 y fue titular por primera vez en 2017. En 2019 se unió en préstamo al Stoke City. A nivel internacional, Cameron representó a Estados Unidos en la Copa del Mundo Sub-20 de 2015. Un año después, jugó su primer partido con la selección mayor.

Habilidades: Cameron, un defensa central con un físico imponente, es muy fuerte, sólido en la última línea y un jugador que nunca deja de esforzarse.

Momento revelación: Cameron demostró tener muy buenas perspectivas cuando fue nombrado Jugador del Partido tras la derrota 1-0 de Estados Unidos sobre Senegal en la Copa del Mundo Sub-20 de 2017.

ETHAN HORVATH, ESTADOS UNIDOS

Antecedentes: Considerado el arquero estadounidense del futuro, Horvath nació en Colorado en 1995. Creció jugando en la Academia de Desarrollo de US Soccer. Firmó su primer contrato profesional con el Molde FK de Noruega a los 17 años. Jugó ahí cuatro temporadas y se convirtió en el portero titular con apenas 20 años. En 2017 fichó con el equipo belga, Club Brugge, y llegó a ser el titular del equipo en 2018. Avanzó por los equipos juveniles de Estados Unidos y fue el arquero titular de la selección Sub-23 en un partido clasificatorio para los Juegos Olímpicos, en el que su equipo fue derrotado.

Habilidades: La mayor fortaleza de Horvath, un joven alto y delgado, es mantener ordenada a su defensa.

Momento revelación: Hizo su debut con la selección mayor de Estados Unidos en 2016, con una portería a cero en la victoria 2-0 sobre Cuba.

OUSMANE DEMBELÉ, FRANCIA
. . . .

Antecedentes: Francia ha desarrollado a algunos de los jóvenes talentos más importantes del mundo; junto a Kylian Mbappé, Ousmane comenzó a llamar la atención desde muy temprana edad. Nació en 1997 en el norte de Francia. Empezó a jugar desde muy pequeño y firmó un contrato con el club Rennes de su país en 2014. Debutó con el primer equipo del club en 2015. Luego, en 2016, se sumó a las filas del Borussia Dortmund, donde ganó el premio al Novato del Año de la Bundesliga. En 2017 pasó al Barcelona, donde se le comparó varias veces, de forma injusta, con Neymar, quien recién había dejado el equipo para ir al París Saint-Germain. Ousmane fue convocado a la selección mayor de su país en 2016, y jugó en cuatro partidos en la Copa del Mundo de 2018 que su selección ganaría.

Habilidades: Un delantero agresivo y talentoso, excelente dribleador con una factástica conducción de balón; bueno para el contraataque y una amenaza en el balón parado. Buen dominio de ambas piernas.

Momento revelación: En junio de 2017 Ousmane anotó su primer gol con la selección mayor francesa en un partido frente a Inglaterra.

JOAO FÉLIX, PORTUGAL

Antecedentes: Nacido en Viseu, Portugal, Félix se sumó al FC Porto desde niño. Pero el club lo dejó ir a los 15 años debido a su "falta de masa", porque era demasiado delgado. Pero el rival del Porto, el Benfica, lo rescató, y Joao sobresalió en las divisiones inferiores del club de Lisboa. Debutó con el primer equipo en 2018. Pronto se convirtió en una estrella y ayudó al Benfica a conseguir el título de la Primeira Liga en 2019. Unos meses después, con 19 años, firmó un contrato por siete años por un monto de $138 millones de dólares —la tercera cifra más alta de la historia— con el Atlético de

Madrid. Jugó para las selecciones menores de Portugal antes de debutar con el equipo mayor en 2019.

Habilidades: Suele ser comparado con su compatriota Cristiano Ronaldo. Félix tiene una recepción de balón devastadora, una visión de campo excelente y la habilidad de desenvolverse en espacios limitados. Entrena con fuerza y por eso se lo ha llamado perfeccionista.

Momento revelación: A los 17 años, Félix jugó en la Liga Juvenil de la UEFA, en la que anotó seis goles y ayudó al Benfica a llegar a la final.

MASON MOUNT, INGLATERRA

. . . .

Antecedentes: Nacido en Portsmouth, Inglaterra, Mason comenzó a jugar en las divisiones juveniles del Chelsea a los cinco años. Aunque su padre sugirió que lo dejara, ya que la competencia era muy feroz, Mason persistió. Tras jugar con los equipos Sub-18 y Sub-21 del Chelsea, fue en préstamo al club holandés Vitesse a los 18 años. Después de una temporada ahí, jugo un año con el Derby County, donde forjó una relación con el entrenador Frank Lampard. En 2019, volvió a Chelsea junto a Lampard y firmó un contrato por cinco años.

Impresionó a los aficionados londinenses de inmediato. Mason jugó con las selecciones menores de su país y entrenó con la selección mayor previo a la Copa del Mundo de 2018. Debutó con la selección absoluta en octubre de 2018.

Habilidades: Inteligente y seguro de sí mismo, este mediocampista también tiene un olfato goleador.

Momento revelación: Mason anotó un triplete para el Vitesse en un partido eliminatorio de la Europa League.

VINÍCIUS JÚNIOR, BRASIL

Antecedentes: Nacido en el año 2000, Vinícius tenía apenas 16 años cuando se lo nombró "el próximo Neymar", en referencia al astro de la selección nacional brasileña. Nacido en Río de Janeiro, Vinícius José Paixão de Oliveira Júnior fue convocado a la selección Sub-15 de su país a los 13 años. Asistió a una escuela afiliada con el Club Flamengo desde los cinco años, y desde un principio de destacó por sus habilidades. Debutó con Flamengo en 2017. El Real Madrid compró sus derechos federativos en cuanto cumplió 18 años. Ayudó a Brasil a conquistar el título sudamericano Sub-17 en marzo de 2017. Debutó con el Madrid en septiembre de 2018. Un año más tarde, debutó con la selección mayor de Brasil.

Habilidades: Tiene olfato goleador y una conducción de balón sólida con técnica individual depurada.

Momento revelación: En la Copa Sao Paulo, Vinícius dominó el torneo a los 16 años, a pesar de competir contra jugadores tres años mayores.

ALPHONSO DAVIES, CANADÁ

Antecedentes: Nacido en Ghana, hijo de refugiados liberianos, Alphonso emigró a Canadá a los cinco años, asentándose en Edmonton. Jugó en ligas juveniles en Edmonton antes de unirse al programa residencial del Vancouver Whitecaps FC. Hizo su debut en la MLS con los Whitecaps en 2016, con lo que se convirtió en el segundo jugador más joven de la historia de la liga. En 2018, Vancouver acordó con el Bayern de Múnich el traspaso de Alphonso, y este hizo su debut con el club alemán en enero de 2019. Alphonso comenzó a jugar con las selecciones menores de Canadá en 2014. Obtuvo la ciudadanía canadiense en 2017 y fue convocado al campamento de entrenamientos de la selección mayor ese mismo día. A los 16 años se convirtió en el jugador más joven en vestir la camiseta de la selección canadiense, y pronto se convirtió en la cara del fútbol de su país.

Habilidades: Velocidad de pies, energía impresionante y gran rapidez para correr por la banda.

Momento revelación: En 2017 Alphonso anotó dos goles en la Copa de Oro y se convirtió en el anotador más joven de la historia de Canadá.

GIANLUIGI DONNARUMMA, ITALIA

Antecedentes: Considerado el próximo gran arquero del fútbol mundial, Gianluigi nació en Nápoles en 1999. De niño jugó con el Napoli, pero el Milán, donde jugaba su hermano mayor, lo fichó a los 14 años. Recibió el llamado al primer equipo tres días antes de su cumpleaños número 16, pero no jugó. Debutó con el primer equipo del Milán en octubre de 2015, y con la selección mayor italiana en agosto de 2016.

Habilidades: Gianluigi, un joven alto, con gran extensión de brazos y fortaleza física, tiene buenos reflejos y una presencia tranquilizante e imponente en la defensa.

Momento revelación: Considerado desde hace tiempo el futuro de la portería italiana, fue titular con su selección nacional por primera vez en 2017, en una victoria frente a Holanda por 2-1. Está llamado a ser el heredero de Gianluigi Buffon, quien se retiró de la selección justo cuando el joven Gianluigi comenzaba a destacarse.

LAS DIEZ SORPRESAS MÁS GRANDES EN LA HISTORIA DE LAS COPAS DEL MUNDO

Una de las mejores cosas del fútbol es que, al ser un deporte de pocas anotaciones, las sorpresas se dan con mucha frecuencia. Un mal rebote del balón, un equipo subestima a su oponente, y de repente sucede lo inesperado.

10. **COSTA RICA 1 - ITALIA 0**, 2014, FASE DE GRUPOS

Italia era un equipo plagado de estrellas, pero Costa Rica venció a los italianos con un gol justo antes del medio tiempo, cortesía de Bryan Ruiz. La victoria fue parte del fantástico desempeño de los ticos en ese mundial: ganaron un complicadísimo grupo que incluía a Inglaterra y Uruguay, y avanzaron hasta cuartos de final por primera vez en su historia. Italia quedó eliminada en la fase de grupos.

9. ALEMANIA ORIENTAL 1 - ALEMANIA OCCIDENTAL 0, 1974, FASE DE GRUPOS

En un partido lleno de tensión política y emotivas historias, el equipo del otro lado del muro venció por la mínima diferencia a la selección local en el único partido de la historia de los mundiales entre las dos partes de un país dividido. El jugador de Alemania Oriental Jürgen Sparwasser anotó en el minuto 77. La selección de Alemania Occidental quedó devastada, pero la derrota pareció despertarlos, pues terminaron por ganar el torneo.

8. ALEMANIA OCCIDENTAL 3 - HUNGRÍA 2, 1954, FINAL

El "milagro de Berna", en honor a la ciudad en la que se disputó el partido, ocurrió años antes de que Alemania se convirtiera en una potencia futbolística. Los húngaros llevaban años destruyendo a sus oponentes y parecían imparables en su camino a la final, incluso vencieron a la misma Alemania Occidental 8-3 en la fase de grupos. El marcador a medio tiempo era 2-2, pero en el minuto 84 el delantero alemán Helmut Rahn anotó. Aunque Hungría creyó haber anotado el gol de empate cuatro minutos después, la acción fue invalidada por un fuera de juego (*offside*).

7. CAMERÚN 1 - ARGENTINA 0, 1990, FASE DE GRUPOS

En el primer partido del Mundial de 1990, Camerún sorprendió al mundo al derrotar al campeón defensor, Argentina. Camerún contuvo a Diego Armando Maradona, y dos de sus jugadores vieron tarjetas rojas debido a la intensidad de su estilo de juego. Camerún llegaría a los cuartos de final del torneo, el mejor resultado para un equipo africano en una Copa del Mundo.

6. COREA DEL NORTE 1 - ITALIA 0, 1966, FASE DE GRUPOS

Italia era el gran favorito ante el casi desconocido equipo norcoreano, que fue la primera selección asiática en clasificarse para

una Copa del Mundo. Sin embargo, los to-
zudos coreanos se ganaron el corazón de la
afición inglesa. La victoria 1-0 llegó gracias a
un gol de Pak Doo-ik. Corea del Norte ganó
su grupo e Italia quedó eliminada del torneo. Los norcoreanos desperdiciarían una
ventaja de 3-0 frente a Portugal y caerían 5-3.

5. **SENEGAL 1 - FRANCIA 0**, 2002, FASE DE GRUPOS
Francia era el campeón reinante, tanto de la
Copa del Mundo como de la Eurocopa. Senegal llegaba al partido como la víctima. El
gol del triunfo llegó en el minuto 30, cuando
Papa Bouda Diop capitalizó tras un rebote.
El sorpresivo resultado fue un augurio de lo
que le esperaba a Francia: el equipo quedó
eliminado sin ganar ningún partido ni anotar un solo gol. Senegal alcanzó los cuartos
de final.

4. **FRANCIA 3 - BRASIL 0**, 1998, FINAL
Brasil era el campeón defensor y el gran favorito. El anfitrión, Francia, había tenido un
sorprendente desempeño hasta la final y no

se esperaba que lograra más. La mañana del partido, la estrella brasileña Ronaldo tuvo convulsiones y fue eliminado de la alineación. Volvió al cuadro titular poco antes del silbatazo inicial, pero jugó con una extraña falta de energía. Zinedine Zidane anotó dos goles de cabeza tras tiros de esquina, y Emmanuel Petit añadió un tercer gol al marcador, con lo cual se desataron las celebraciones por todo París.

3. **ESTADOS UNIDOS 2 - COLOMBIA 1**, 1994, FASE DE GRUPOS

Colombia era uno de los equipos favoritos en 1994. Los estadounidenses jugaron con tenacidad a la defensiva, y recibieron la ayuda de un autogol temprano del defensor colombiano Andrés Escobar. Escobar fue asesinado cuando volvió a su país, y se cree que el motivo fue aquel error dentro del campo. El equipo de Estados Unidos marcó otra vez en el minuto 52, una anotación de Earnie Stewart tras una asistencia de Tab Ramos. Aunque Colombia logró anotar en los últimos minutos del partido, el impactante resultado los dejó eliminados. El equipo de Estados Unidos caería ante Brasil en octavos de final.

2. URUGUAY 2 - BRASIL 1, 1950, FINAL

Brasil ya tenía una celebración preparada para su inminente victoria en el estadio Maracaná. Nadie creía que hubiera un equipo que pudiera detener a Brasil, pues había ganado sus dos partidos anteriores por un marcador combinado de 13-2. Brasil tenía a todo un país detrás y casi 200,000 aficionados en las gradas listos para celebrar. Pero Uruguay rompió el empate 1-1 en el minuto 79 con un tanto de Alcides Ghiggia. El estadio se quedó en silencio absoluto. Aquel partido, conocido como "el Maracanazo", dejó al país atónito y afligido.

1. ESTADOS UNIDOS 1 - INGLATERRA 0, 1950, FASE DE GRUPOS

Inglaterra era una potencia del fútbol profesional, mientras que los estadounidenses eran jugadores semiprofesionales de clase trabajadora que habían sido reunidos de improvisto. El partido en Belo Horizonte, Brasil, pintaba como un encuentro muy disparejo: el entrenador de la selección estadounidense incluso comparó a sus jugadores con "vacas en el matadero". Pero la defensa norteamericana logró absorber el insistente ataque inglés. La victoria 1-0 llegó gracias a un gol de Joe Gaetjens en el minuto 37. El marcador era tan inverosímil que muchos periódicos alrededor del mundo supusieron que era un error y publicaron el resultado invertido. Estados Unidos no clasificaría a otra Copa del Mundo en cuarenta años.

CAMPEONES
DEL
FÚTBOL

Pelé (centro) abraza a sus compañeros tras la victoria de Brasil en la Copa del Mundo de 1970.
(Zumz / isiphotos.com)

Diego Armando Maradona levanta los brazos en señal de victoria tras el triunfo de
Argentina en la final de la Copa del Mundo de 1986. (Zuma / isiphotos.com)

Xavi (España) (izquierda) salta sobre la barrida de Mohammed Ameen (Arabia Saudita) (centro) en un partido de la Copa del Mundo de 2006. (Brad Smith / isiphotos.com)

Zinedine Zidane (izquierda), de Francia, se disputa el balón con el italiano Gennaro Gatuso (derecha) durante la final de la Copa del Mundo de 2006. (Brad Smith / isiphotos.com)

El brasileño Ronaldo (derecha) celebra un gol con sus compañeros Adriano (izquierda) y Kaká (centro) en un partido de Copa del Mundo frente a Ghana en 2006. (Brad Smith / isiphotos.com)

El arquero italiano Gianluigi Buffon (centro) sale de la portería para interceptar un pase en un partido de la Copa del Mundo de 2006 contra Estados Unidos. (Tony Quinn / isiphotos.com)

Landon Donovan (EUA) cabecea el balón en un partido de la Copa de Oro de CONCACAF 2011 ante Panamá. (John Dorton / isiphotos.com)

Clint Dempsey (EUA) (izquierda) intenta una chilena ante Colombia en la Copa América Centenario de 2016. (John Todd / isiphotos.com)

Michael Bradley (EUA) cobra un tiro de esquina en un partido clasificatorio a la Copa del Mundo de 2018 contra Guatemala. (John Todd / isiphotos.com)

Jozy Altidore (EUA) (centro) cabecea un balón en un partido clasificatorio para la Copa del Mundo de 2018 frente a México. (John Dorton / isiphotos.com)

ÍNDICE